Relationship
Bridge to the Soul

亲密关系

通往灵魂的桥梁

［加］克里斯多福·孟 ◎著

张德芬 余蕙玲 ◎译

湖南文艺出版社
HUNAN LITERATURE AND ART PUBLISHING HOUSE

博集天卷
CS-BOOKY

这是我读过两遍以上的书

张德芬

作家，著有《遇见未知的自己》《遇见心想事成的自己》《活出全新的自己》

真高兴克里斯多福老师的书《亲密关系》要在祖国大陆出版了。我个人在几年前读到这本书的时候，就觉得这是讲述亲密关系的经典之作，任何对亲密关系有兴趣的人都不能错过。

但凡是人，几乎就不可能没有亲密关系的烦恼，亲密关系并不仅限于男女的爱情关系，只要两个人亲密到一定程度，向对方敞开到一定程度，室友、同学、同事、朋友、家人等，都可以算是亲密关系的一种。当然，男女之间的亲密关系是能量最大、张力最强的，因此冲突也最大，也最让人心碎。

克老师的基本观点（这个观点也为众多的心理学家、婚姻专家甚至灵性大师所赞同）是：你的亲密关系伴侣，是来帮助你更加认识自己，进而疗愈你的创伤，最终找回真正的自己，因此，亲密关系是通往我们灵魂的桥梁。

克老师把亲密关系的过程分为以下几个阶段：绚丽、幻灭、内省和启示。很多人都会觉得奇怪，为什么当初在绚丽期爱得死去活来的两个人，在幻灭期可以形同陌路或仇人。用最简单的语言来说就是，我们通常会把自己从小到大得不到的、未满足的需求，全部投射在那个爱我们、让我们觉得特殊的人身上，觉得有了他（她），这些需求都会得到满足了。

其实这种投射，是把我们理想父母的原型投射在对方身上。当然，世界上不可能有人能满足你所有需求，填补你从小以来的匮乏。然而爱情是如此的盲目，我们的头脑也是会愚弄我们的，在恋爱初期我们最欣赏的对方的优点，可能到了后期正是我们想离开他的原因！其中的关键，就在于我们以为对方拥有我们幸福快乐的钥匙，竟然胆敢不给我们。克老师用了很大的篇幅让我们知道，在幻灭期我们和伴侣会用什么样的偏差行为来进行权力斗争，让对方屈从，好让我们自己快乐。

而很多佳偶在幻灭期就阵亡了，他们未能进入内省阶段，看到自己在亲密关系中是如何扮演受害者的角色，而要对方为自己负责。他们未能把亲密关系看成是修行的道场，而在其中成长、学习。

这实在太可惜了。错过了这样成长的机会，下一次的关系可能会再次发生同样的情形，因为你没学会你的人生功课。克老师的书，让我们在幻灭阶段有所觉察，在内省阶段能有所指引，因而获得启示，真是亲密关系艰难旅途中的一盏明灯。

最让我感动的是，克老师总是毫不吝惜地与我们分享他自己婚姻生活中遭遇的种种挫折。他的开诚布公，他的谦虚真诚，在字里行间就能打动读者，引起共鸣。

这是少数我读过两遍以上的书，我知道我还会再读它，因为生活当中的问题总是层出不穷，而我们又是如此健忘，常常忘了智慧和宝训其实都在我们唾手可得之处。

希望阅读本书的读者都能够学习到亲密关系的真谛：当你出发去寻找真爱时，你就踏上了自我追寻的旅程。祝愿我们的旅程都一路丰收到终点！

亲密关系是一趟探寻生命真相的旅程

吴英慧

生命教练国际联盟创办人 高级心理咨询师 关系工作坊导师

为什么关系问题一直解决不完，解决了一个问题，不久又碰到下一个问题，一生都在与问题搏斗？

为什么一生不断地追求，自我提升，可是面对关系却依然时常陷入失落、自责、无力、恐惧？

这本书结合了作者在亲密关系中的真实体验，以及近三十年所带领团体工作坊的个案过程。

这本书能提供给读者什么？

1. 使您亲身感受并真正相信亲密关系的幸福开关就在自己手上：

夫妻，镜映内在的过程

子女，成为生命的老师

父母，成为力量的源头

人际，成为自我的镜子

2. 使您亲身感受并初步掌握帮助身边人走出痛苦、赢回力量的基本工具：

如何洞察与消融情绪及情绪背后的原始信念

如何释放潜藏已久的不舒服

如何接受当前问题并转化为欣赏

走出受害、迫害与拯救的无休止循环

学会用"走过程"与欣赏迎回无条件的爱

连接直觉与内在的指引

读到它，是一种缘分，也有可能是觉醒的开始！

本书献给我的读者
因为您有决心选择生命
及生命所蕴含的真理

十六周年版作者序

一九九九年我撰写《亲密关系》时，目的是希望提供给人们一张路线图，引领人们穿越亲密关系的复杂景致，并主要着眼于亲密的伴侣与婚姻关系。如今十五年过去了，我很开心这些知识仍然有帮助。对我来说，这本书不只是本自助手册或个人发展指南，也是我与妻子素梅的个别经历，或作为一对伴侣时所得到的教训以及突破。虽然书中已提供了许多范例与准则，但仍有一些精华观点，在我作为一位丈夫、父亲以及一个独立个体的时候，为我提供了很大的帮助。在此我想要指出其中一些观点，并在本书中增加一些新的体悟。

感觉的重要性：从人性上来说，我们倾向于保护自我最脆弱的部分，然而这也是造成关系冲突的主要原因。对于伤痛、需求、罪恶、害怕，以及耻辱的保护机制，在个人的过去经历中逐渐建立起来，以至于我们在情绪上，并不如身体以及智识上来的成熟。为了成为一个情感成熟的成人，重要的是要突破这个保护机制，并正视我们的感觉，才能发现心灵最惊人的秘密。（注意：本书中许多篇幅着重于如何响应你的感觉。这些回应包括清楚地正视它，并将它联结到一个"更高的力量"。从某种程度上来说，日常生活中我总是将这些观念和想法抛诸脑后。一开始你可能会觉得这些建议很有帮助，但它们只是工具，用来帮助你更清楚地意识到你的脆弱并进而接受它。起初我们总会认为这些痛苦、恐惧与罪恶，都应被治疗与复原。然而，透过接受以及认识这些情绪之后，你将会发现这些感觉只是隐藏事实的幻象，并从而发现一个充满力量、智慧与快乐的真实自我。）

责任的重要性：责怪、批评与指责是人类防御机制的关键要素。责怪他人、批评他人行为、指责他人不愿改变，其实是一种轻而易举的手段，能够简单地利用道德批判，将自己提升到一个高于他人的位置，也使我们摆脱了自身的不安。然而，责怪、批评与指责的态度最终只会加强自我的受害者意识。受害者常感到无力、无助、无价值且无法自我满足。他们的防卫机制常常是自我否定，并将自己置于一个道德正确的位置。当我们坦然面对内在的受害情绪时，我们将有机会更具有意识地正视这份感觉，并了解这仅是一种感受，而非事实。责怪、批评与指责也终将不再发生。

亲密关系是一种完美设计：在亲密关系中，所有的一切都是重要的部分，即使是令人不悦的冲突与不适的情境。当你继续在感情中成长时，你也开始懂得欣赏你跟伴侣之间所发生的任何事情。当你拒绝接受不悦与不适时，你也不再看见这些事物所能带来的启示，也将使你无法看清正在发生的事物。

绝对的爱是无条件的：通常我们在亲密关系中所谓的爱，事实上是由于伴侣的行为所带来的满足感，或对于重要感与归属感的需求。真正的爱是无条件的，完全与任何情境和情势无关，无法从他人那儿获取，也非由他人的行为而触发，而是因为你就是你！一段关系的目的不是给予与接受彼此的爱，而是帮助你了解你自己就是一直以来所寻找的爱。

伴侣的目的：如同上述所说的，你的伴侣不是你的爱与幸福的来源。满足你的期待与使你开心不是他们的职责，但你的伴侣的确在你的生活中扮演了三个重要的角色，尤其在面对情感上的成熟与唤醒真实自我的时候。这时你的伴侣将会依所需而扮演这三种角色之一：一面镜子，让你看见引发你关注的不舒服感；一名老师，在你探寻真实自我的时候，激励与启发你；一名"玩伴"，开启并陪伴你一段生命的旅程。

关于亲密关系与它们如何协助你发现真实自我之间的关联性，将会有更多的线索、提示与见解分别在本书中阐述。亲密关系是一个强而有力的学习工具，能帮助你发现并且体验你一直以来追寻的所有东西只是隐藏在表面之下，其实它们一直就在你眼前！

Contents
目 录

×

第 一 章

亲密关系的圣杯

"寻找真挚永恒的亲密关系，其实就是寻找自我。"

——克里斯多福·孟

几乎每个人都希望拥有很棒的亲密关系。这么说可能还不够贴切，许多人终此一生，花费大量精力在寻觅伴侣这个似乎永无止境的冒险旅程中不断地寻找、失去或离开某个人，如此反复循环，直到觅得理想的伴侣或至死方休。即使寻觅最终得偿所愿，有时亲密关系也会成为沉重的负担。在最初始的兴奋与希望退去之后，不满与挣扎可能随之而来，其中复杂的情绪困扰，就连天才也无法解决。

　　亲密关系问题的真正根源往往像个无解的谜，因为在看似单纯的寻找和留住那个"特定的人"的过程背后，其实有着不为人知的目的。你也许会很惊讶，但事实上所有亲密关系的问题和挫折，都为了这个目的而存在，而且蕴藏着希望。在我的个案中，每当我告诉案主，在亲密关系中，痛苦的浮现是件好事时，他们总是既惊讶又怀疑。

彼此伤害怎么可能有意义呢？应该这么说，只有了解到每段亲密关系的开始都是一段伟大的探索旅程时，我们才会明白其中的意义。

当开始寻觅人生伴侣时，我们通常不会察觉，其实我们真正在追寻的事物，伟大得超乎想象——要比两个灵魂之间可能发生的事伟大得多。我称之为"从亲密关系中体验到的真理"。在"灵魂关系"的路途上，我们不单是在寻觅爱情，还是在寻找一种能让我们一再陷入热恋的经验。就像勇敢的骑士寻找圣杯一样，我们希望从亲密关系中得到能满足身、心、灵三方面渴望的东西。表面上看来，我们似乎只是孤单或渴望能有人分享我们的喜怒哀乐。但事实上，在每段亲密关系的背后，我们的灵魂都在运作着，引领我们去体验灵性上的满足。

我们当中有许多人想要亲密关系，并且需要的不只是慰藉与陪伴，这本书就是为这些人写的。我们需要的是能鼓励我们超越自我的伴侣；我们在追寻的是能激发人生意义与方向，并在我们受到考验时，给予我们帮助的人际关系。这也就是"灵魂关系"。

在这样的结合中，我们不只是想得到什么，而且希望付出——不自私、不求回报地付出。直觉上我们似乎知道，当我们真正沉浸于爱中时，我们会很快乐，而快乐时就自然地想要付出。我们希望无条件地付出，因为在我们心灵深处觉得这是对的。在我们所有的梦想背后，在所有对力量、目标或意义的追求背后，唯一的欲望其实是想了解无条件的真爱。一开始也许我们只想跟另一半分享这份爱，但从"灵魂关系"中得到的真爱不能被局限在两人之间，而是要推及整个世界。

"灵魂关系"就像圣杯一样难以捉摸，而社会的力量更使它难以寻获。在观察现代人际关系时我们会发现，我们就像在黑暗中摸索，没有地图、罗盘或手电筒的引导，只隐约觉得有什么在呼唤我们，却又往往因为痛苦、挫折、无聊、困惑或疑问而放弃。

有时候，起初很美好的事物，最后会变得十分丑陋。事实上，在北美洲，被亲密伴侣攻击的概率比遭到陌生人攻击的概率还大。

通往"灵魂关系"之路，似乎每一步都布满荆棘。朝夕相处的亲密关系是高层级的"灵魂关系"的第一阶段，但这个阶段中充满了许多陷阱与困难，令人惊讶的是，竟有许多伴侣仍能维持住感情而不分开。更令人惊讶的是，尝过分手痛苦的人还能重新振作，再接再厉！导致分手的争执往往十分痛苦，令双方都受到创伤，但人们并不是为了自寻痛苦而与他人发展亲密关系。没有人会说："我需要亲密关系，我已经厌烦了出外寻求苦难，如果能在舒适的家里受苦受难那该多好啊！"只不过，在这个年代，亲密关系似乎总会让人露出丑陋的一面，而这一面往往令伴侣难以接受而选择分开。但不论先前受了多深的伤，我们仍不放弃继续寻找"完美的伴侣"。为了寻求真爱，不管是一开始的浪漫、绚烂，还是之后的争执及无尽的阻碍，我们都一路走来。

但是，我们在日常亲密关系中的表现真的是爱吗？我曾经连续好几周，每晚守在电话前，等女友来电，在定好下次约会之前不做任何的计划。听起来很浪漫吧？我就这样时而呆坐、时而踱步、时而埋怨地等下去。如果我是电影的男主角，观众一定会相信我是无可救药的大情圣，为了向唯一的爱人证明自己的心意，就算是死也在所不惜。但那真的是爱吗？还是需求不满而又觉得自己很无能？有时候我会和她吵闹，大吼大叫要求多些时间和她在一起。这是因为我爱她吗？还是我想控制她，让自己不会孤单或吃醋？我还记得分手时说的话："我再也受不了这种折磨了。"她是一个很好的女人，给人温暖、关怀，又有幽默感，但是当她的男友却令我抓狂！这与爱无关，而是我无法维持这段亲密关系。但我却清楚地知道，一开始发展这段亲密关系的动机是为了寻找真爱。

很少人能预先做好万全的准备来面对亲密关系的挑战。小时候没有学习的对象，老师也没有清楚地教导我们如何亲近别人，于是这项课题就落在我们自己力所不及的肩上。我们往往不能察觉，在互相陪伴和组织家庭之外，亲密关系其实有更深一层的目的。在成长的过程中，我们并没有了解到亲密关系中的磨难其实有其意义与解决之道。

亲密关系是表达人生高低潮的一种艺术。就像所有的艺术一样，它也需要个人天分（这每个人都不缺）、基本教育和不断的练习。虽然每个人的亲密关系都是与众不同的，但其中还是有一些共同的倾向。许多人把需求和感觉当作爱；许多人相信争吵时一定有一方对，一方错；许多人经常想操纵或控制另一半；遇到瓶颈也是常事；还有许多人甚至害怕爱和亲密！当了解了这些倾向的由来之后，我们就可以采取实用的原则，并依据个人状况来解决问题，使我们的亲密关系升华成一种全新的爱的体验。

我可以想象，有一天会有专门教授亲密关系学问的学校成立。但在那之前，我们需要的是能帮助我们走出迷雾的基本指导——为现代人而写的，简单明了又实际的指导，就像这本书一样！现在就让我们一起来了解所有人际关系共同的必经阶段及其原因，并试着找出一种简单又自然的方法来克服障碍，向更高层级的"灵魂关系"迈进。

以下所要讨论的，我相信是所有人际关系共通的原则，跟你是单身或有伴侣，是异性恋或同性恋无关。也许你觉得你的伴侣是世界上最棒的大圣人，或是最差劲的浑球，或介于两者之间。这本书要说的只是，如果关系出了问题，你并不需要寻求外力的帮助——你自己就有足够的能力来处理问题，并成长、体验到高层级的、真正的灵魂关系。

另外，所有的人际关系，包括朋友、手足、上司、下属、生意伙伴，甚至政治党派等，都适用这套原则。以下要讨论的，主要以亲密关系为范例，但基本原理却是各种关系都共通的。我希望读者会觉得这本书很有趣，有教育价值，且具有启发的作用，不只让你自己享有更美好的亲密关系，也可以帮助其他同样在这条道路上挣扎的人。

练习

写下初遇时，你在伴侣身上发现的所有优点，相处至今新发现的优点也加上去。然后，另外拿一张纸，把你现在在对方身上看到的缺点写下。把两张表放在一起，第一张表上列的每一项得十分，第二张表上列的则扣十分，看看你的亲密关系是正分还是负分。许多人在做了这个练习之后会惊讶地发现，虽然他们的亲密关系经历过许多困难或危机，但另一半的优点其实还是多于缺点的。只是他们忘了当初被伴侣吸引的原因，而只注意到对方不好的地方。

Chapter 2

第 二 章

月晕现象

"闪闪发光物，并非尽黄金。"

——格言

我用"月晕现象"这个词来代表不实的光彩，使人分心而看不到真正的光源。月光就是如此，月球本身并不发光，它只是反射太阳的光。许多电影巨星受无数影迷仰慕，而事实上他们也只是凡人，不过是象征人类宏伟、强大或美好的一面罢了。这些影星的私生活，其实也像普通人一样有许多问题，但影迷们被绚丽的光彩所迷惑，看不到这个事实，几乎把明星当神一样来崇拜。体育明星、政治人物及所谓的"皇室贵族"也是如此。即使无数的丑闻让盲目崇拜的问题暴露出来，也不能改变人们崇拜偶像的倾向。当踏上情感之旅时，我们也会看到"月晕现象"。

情感之旅

"坠入情网的，谁不是一见钟情？"

——克里斯多福·马洛

　　让我们先来看看亲密关系的第一阶段，这是个让人满心温暖的阶段。不管被灼伤过多少次，我们仍然被热情的火焰所吸引。这是人类七情六欲中最强的感情，我们心甘情愿为爱盲目，被爱吞噬，从童稚的少年到迟暮的老年，每个人都向往在遇到一生真爱时的那种心动感觉。我们是如此深信爱情的力量，以至于两个"找到彼此"的人的邂逅，成了无数著作与电影的灵感。在小说主角之外的真实人生中，有些人确实能找到真命天子，且努力维持住初识时的热情之火。其他的人呢，纯粹是为恋爱而恋爱，一生中不断寻找能让我们热情不灭的特殊人物，而当热情熄灭时便转而寻找下一个可能目标。

　　亲密关系的过程，一开始是互相吸引，然后一步步发展出浪漫的火花。人一旦坠入情网，难免会有过高的期望，以致最后掉入幻灭的深渊。在梦想幻灭之后，人会开始怀疑亲密关系的真正价值。满怀的希望如果落空，一个人很可能妄下结论，认为亲密关系都不会有好结果。再往下读几页，你可能也会觉得我的目的是要证明亲密关系都注定要失败，但请你继续读下去。我相信恐惧与无知是造成所谓的"亲密关系失败"的两大原因。越了解隐藏的陷阱，我们就越不会被无知所控制，自然也就没什么好恐惧的了。只要明白了情感的倾向，亲密关系就可能有结果，而让我们有一窥真爱的机会。

简单来说，情感是来自人类"爱与被爱"的基本需求。这个主要的动机就构成了人与人之间的"吸引磁场"。

吸引磁场

"我被蛊惑了！如果那个无赖没有对我下药，我才不会爱上他！"

——莎士比亚，《亨利四世》上集

人类想要发展亲密关系，比其他动物要来得难。如果是鲸鱼，它们只要在几百里外发出声波，然后朝回应的声波前进就好了。只要躲过了鱼叉、油污和渔网，它们就能找到伴侣。如果人类和山羊一样，两只公羊会以额头相撞，撞到头痛之后，它们就会明白和母羊交配比撞头要有趣得多。在动物界，求偶往往是利用一种以上的感官，使同物种的雄性与雌性相遇而繁衍后代。

但人类却运用不同的规则：我们寻觅伴侣的动机，和数千年来沿用相同求偶过程的动物朋友们往往不太一样。纵观人类婚姻史，你会发现，直到最近这几百年，才有许多人得到自己选择伴侣的自由。不过直至今日，世界上还有些地方的婚姻不是自由恋爱的产物，而是奉父母之命，原因不外乎社会地位、现实或经济等因素。

那么，有自由选择权的幸福的人们，又是怎么选择伴侣的呢？我们在一年之中会遇到的人不下数千，为什么只选择特定类型的人呢？是一见钟情、化学作用，还是只因为寂寞？罗曼史到底是什么呢？我有一个朋友曾对我说，他与妻子初遇时，在两尺外就有千真万确的"来电"感觉。（在他们离婚数月后，我提醒他这段小插曲，他的回答是："哦，那个啊，只不过是地毯的静电嘛！"）另一个朋友跟我说，当他看见未来的妻子光脚走过牧场，而且故意踩在牛便便上时，他便爱上了她。他说那时他就知道和她在一起永不会厌烦（他们结婚已三十年了，仍然热情如昔）。有些人是爱上漂亮的脸蛋，有些人则是想找个善良体贴的人，安定下来。有个女人对我说，她爱上一个男人，因为她知道他绝不会欺骗她。我问她，在初遇时是否觉得他很吸引人，她回答说她根本不记得他那时的样子了。一个最有趣的例子是，我的一位女性友人告诉我她结婚只是为了逃离她的父亲。（她丈夫和父亲，我碰巧都认识，这两个人不论言行举止，甚至外表都几乎是一个模子刻出来的。）看样子，每个人"恋爱"的原因都不相同。

然而，无数亲身经验与常年对亲密关系的研究却让我明白，人们恋爱的真正原因，往往不是他们自己所想的那回事。开始和维持一段亲密关系背后的真正动机，其实在于需求。

身为一个无可救药的浪漫主义者，我实在不愿意相信这是真的。我想要相信的是，在这世界上有一个专门为我创造的女人，她存在的唯一目的，就是打开我的心房，让我体验真爱。只要找到了她，我们就会从此过着幸福快乐的生活。我们会手牵手走在乡间小道和草原上（小心地不踩到牛便便），即使不发一语也心有灵犀，彼此几乎不开口说话，只会偶尔交换一些充满智慧或幽默的意见。我会是她的英雄，而且因为她对我有信心，我将成为我天生注定要当的伟人！我只想相信，两个人可能相遇，而在通过快速的爱情考验之后，从此就过着幸福快乐的生活。这真是一幅完美无缺的景象，除了一件事——我身在其中，而有太多需求的我，一点都不完美。

这种情况在很小的时候，也许从我们还在子宫里时就已开始出现，我们愈认同自己的身体与周遭环境，就愈会受到身心与情绪上的需求的影响。在日常生活中，我们的所作所为，绝大部分都是为了让某些需求得到满足。我们追求或吸引别人来做我们的伴侣，是因为我们需要人陪伴、照顾、了解、支持、接受、赞赏、抚摸和相拥而眠……

这是十分自然的，并没有什么不对。

但是若我们相信，我们所需要的快乐、安全感、自尊或其他的许多事物，都要经由别人来实现的话，这就成为一个大问题了。但是要求别人来满足我们的需要，正是我们孩提时代所做的事：我们希望妈妈或爸爸来满足我们的所有需求。珍·尼尔森博士在她的有关孩童正面教育的著作中指出，孩童的两大主要需求是归属感和确认自己的重要性。在我看来，这两项需求来自相同的根源，那就是人类共同的"爱与被爱"的需求。这些需求没有被满足时，我们怎么办呢？还有什么方法可想呢？我们不能就此放弃这些需求，那等于是放弃了我们的人性。我们必须保留它们，急切地盼望有一天会得到满足。我们使出想得到的所有把戏：哭闹、抱怨、撒娇、甜言蜜语、发脾气、装可爱……但还是不能让需求得到完全的满足。至此我们仍不放弃，于是我们把这些没有被满足的需求丢进心里的储藏室，并随着时间推移不断累积。

这些需求中最主要的就是归属感。在孩子们努力寻求归属感时，他们很快就了解到，如果想要永远被爱，并成为父母生活中重要的一部分，最好的办法就是证明自己具有特殊的价值。他们必须以显而易见的方式来证明自己，因为父母似乎不能明白，他们的价值是与生俱来的（至少孩子的心里是这么想的）。"想要变得特别"的欲望于是诞生。

"想要变得特别"的欲望，正是激发我们浪漫情怀的主因。我们惯于寻找一个非常希望和我们在一起，一旦不能在一起便痛不欲生的人。由此而衍生出以下的千古名句："没有你我活不下去"或者"如果你离开我，我会死掉"。这个人可以无视我们所有的缺点，绝不伤害我们，即使我们有错也永远支持我们，而且永远觉得我们很了不起。这个特别的人需要我们的程度，和我们需要他／她一样多。（如果这个人需要我们的程度，比我们需要他／她还多一点，那就更完美了。）想要有重要性、有价值、有用、被赞赏、被接受等欲望，全都衍生自想当特别的人的需求。因为如果没人觉得我们是不可或缺的，我们将被迫面对被全世界遗忘的难受感觉。（我们还必须面对另一个残酷的事实：将不会有人满足我们的需求！）于是，我们带着所有的情感、幻想和无数没被满足的需求，展开寻觅之旅，希望找到一个为了我们可以抛弃全世界，而且永远把我们放在第一位的理想情人。

浪漫的情感之旅就此开始。一个人满怀热情，排除万难，只为了和另一个人心灵相系，是多么美好的事！（我说这话时是真心的，没有讽刺的意思。）记忆中，我第一次感到自己比我的生命本身还伟大，是在我初次体验到恋爱的兴奋时。往后的每次恋爱，我也都有这样的感觉。每当我一想到心上人，心就会狂跳，而且乐观地展望未来。一开始我并没有察觉，其实，这种美好感觉的真正原因，是因为我意识到需求即将得到满足。然而在心灵深处，我却清楚地感受到欲望在啃噬着我，由于我用很强的羞耻心来作为防卫的机制，欲望才不至于暴露出来，于是，"求偶游戏"便开始了。让我举个例子来说明。

记得中学时代的舞会吗？这类活动的唯一目的，似乎就是为了"炫耀"。也就是说，参与的男孩女孩们，大都尽力展现自己最好的一面，特别是那些没有男女朋友的。如果我们这一票男孩都没有女友，在改装成舞厅的体育馆里，我们会站在一块儿装酷，假装无视女孩们的存在。每当有可爱的女孩走近，我们这票人就会转变话题，开始讨论一些"有男子气概的事"，像是计划周末要跟不良少年打架啦，或是最近和危险的黑手党交易毒品之类的。从头到尾，我们都在装模作样，好像旁边的女孩对我们来说一点都不重要。事实上，那个女孩在我们充满幻想的心中的地位越重要，我们就越虚张声势，也越对她不理不睬。为什么我们要有这种举动呢？因为我们需要她。但有需求总让人觉得寂寞、软弱，而且一点都不特别，毕竟，有哪个自尊自重的女孩子，会喜欢上一个需求不满的软弱男人呢？所以我们只好假装什么都不需要。

　　我和朋友们在寻觅的，是一个能让我们觉得自己很特别，同时又能弥补我们不足之处的女孩。荒谬的是，为了吸引到这样的女孩，我们必须假装自己拥有那些需要她来弥补的素质。让我们换个角度来看：假设你缺乏自信，那么你难道不会被一个自信满满的人所吸引吗？但对方又如何呢？他有可能被一个没自信的人所吸引吗？你会想，这当然不可能。因此，如果你希望那个人觉得你很特别，最好的办法就是，假装你也是一个充满自信的人。而对方为了吸引你，搞不好也在做同样的事！这种互动关系，通常就是两个人开始交往的原因，也就是一方误以为另一方拥有他所需要的东西。这并不是说我们故意欺骗想建立亲密关系的对象，但为了吸引别人，即使连我们自己都讨厌面具下隐藏着的需求，我们还是会尽力表现出最好的一面，以求达到目的。

　　也许我们会这样想：只要我们能吸引到"真命天子"，这个理想的情人会觉得我们很特别，所以不会计较我们善意的欺骗，而且不待我们开口，便会自动满足我们的需要！这时候问题就来了，我们到底要怎样才能找到那个"真命天子"呢？答案就在于"制造梦想的机器"。

制造梦想的机器

"当我需要你的时候，我唯一需要做的事就是做梦……"

——艾佛利兄弟

　　孩童时期需求没有得到满足时，我们心中所形成的看待外在世界的态度，对我们有很大的影响。我们儿时绝大多数的行为，都以归属感和被重视的需求为出发点。但如果我们的行为没有得到预期的结果，我们往往会觉得更孤单、更不被重视。我们很可能会觉得这个世界缺乏关怀、温暖和真情，从而感到绝望。这种感觉会使我们对自己的重要性感到怀疑。为了弥补外在世界的不足，我们会在内心创造出一个幻想的世界，让自己成为英雄——也就是我们的小小世界里最特别的人。在我还是五岁小孩的时候，我就已经开始幻想自己是一个英姿勃发的年轻牛仔，来到纷乱的小镇铲除邪恶。然后，大家就都会喜欢我了，连我的大哥也不例外！

　　在我们长大的过程中，这个制造梦想的机器也随之成长。当我们开始需要伴侣时，我们便在心中描画出一个梦中情人。把需求清单逐一输入制造梦想的机器后，理想伴侣的形象便完成了，且深印在我们的梦想之中。有没有听朋友对你说过，他们的新伴侣正是他们找了一辈子的人？让我问你一个问题：如果他们没有在心中预先准备一个蓝图——即使是深埋在潜意识里——他们怎么会知道新伴侣就是他们的理想情人呢？而且，既然他们已经找了一辈子，那么这个梦中情人的形象，可能在孩童时代就已开始刻画了。随着未被满足的需求不断增加，梦中情人的蓝图自然会变得愈来愈复杂。

十八岁那年，我的梦中情人已经成了十八年来累积渴望的综合体。这个在我梦中，和我手牵手走在乡间小径，不发一语也心有灵犀的女人，就像母亲般慈爱、温柔，并给人安全感，也像是某位小学老师那样成熟和亲切，又像个大姐姐般善解人意，还像另一位小学老师般性感。同时，她也具有从前一位让人心动的同班女孩的幽默感，再加上仿佛出自《圣经》或宗教电影的天使般的形象。简单地说，她概括了我情绪上和心灵上所有的欲望。但是，每当幻想和所谓的"现实世界"发生冲突时，我总十分困扰。每个吸引我的女孩都拥有一项或两项我梦中情人的特质，但很少具有三项以上的，符合所有特质的更是一个都没有。有时候，她们一开口说话，便破坏了我之前对她们的好感；有时候，我会觉得她们不会照顾人或不够善解人意。没有一个我喜欢上的女孩能和我的梦中情人一样好，而我又太执着于梦中情人的形象，以至于有一段时间，我选择"远远地欣赏"女孩们，等待梦中情人的出现。

很快我就发现，这样拖下去是不会有结果的，但我又无法降低标准，和比不上梦中情人的女孩交往。于是我只剩下了一个选择，也就是人类有恋爱史以来，绝大多数人都会做的选择——那就是选定一个最符合条件的候选人，然后进行改造计划，让她变得和我的梦中情人一样。我会买书给她看，让她变得善解人意；我会教她如何做一个亲切的人；如果去踏青时她跟不上我，我会带她去健身；而且，我还会让她习惯乡间小路的尘土、虫子和炎热。我一定要让梦中情人成真，不计任何代价！

　　每个人都会经历的改造过程，就这样开始了。一旦找到有潜力满足我们需求的候选人，我们就着手将他们塑造成我们心中的理想伴侣。只要一点点的帮助，他们就可以变成能让我们快乐的人。我们会想，这不只是为我们自己好，也是为他们好。这种修饰或彻底改造伴侣的企图，很快就会让我们走上通往地狱之路。

通往地狱之路

"通往地狱之路，是用期望铺成的。"

——克里斯多福·孟

期望与要求可分为明说和暗示两种方式。暗示的方式应用十分广泛，主要原因有二：一、你希望伴侣满足你的需求，但又不想表现出软弱且需求不满的样子；二、你幻想你的理想情人会读心术，能够知道你的每个想法。

如果不想明说，那么，在伴侣没有满足你的时候，你就必须十分依赖肢体语言来表达你的不悦。不说话再加上有点难看的脸色，通常就能达到暗示的效果，但如果你的伴侣属于神经大条型的，你可能就要用更明显的表达方式才能得到效果了。假设你新认识的情人星期五晚上没打电话来，你一定不希望这种不体贴的行为再次发生，因为那会让你觉得自己不够特别，但是你又不能直说希望对方每天都打电话给你。而且，如果对方是一个真正温柔体贴又全心爱你的情人，你不用开口，对方也应该知道该做些什么呀！于是呢，当新情人终于打电话来的时候，你还是保持着礼貌的态度，也有问有答，但语调却是冷冰冰的。一个理想的准情人应该马上就会明白你的意思，但如果对方迟钝到一再问你发生什么事的话，你可能就必须简单地回答一句："如果你昨晚就打电话来告诉我你的周末计划，我会很感谢你，因为这样我也可以为自己做点计划。"

注意语气中必须夹杂着适当比例的受伤和冷漠。在亲密关系刚开始的时候，这招通常可以让你的情人不停地道歉，而且发誓绝不再犯，甚至愿意写血书来证明！

不过话又说回来，如果你是不喜欢说出口的那类人，却被迫要明讲出来，你很可能会开始怀疑你的准情人可能是个瑕疵品。但先别放弃塑造对方的念头，很多人都具有相当高的可塑性，只要给他们足够的时间和耐心，他们绝对可以转变成你需要的理想情人。（但是，要知道这个过程需要的时间，有时候要以百年为计算单位。）

如果你是一个有话直说的人，那么表达需求的最佳方式，就是使用命令句。如果能让它听起来像是理所当然的亲密关系公约，而不是你小时候没有得到满足的需要，那就更棒了。除了命令之外，还有一种广受喜好的明说方式，就是自古以来屡试不爽的名句："如果你真的爱我，你就会____（填上你的每日一需）。"有时候撒娇或抱怨一下可以有强调的效果。在伴侣正为了满足你而精神衰弱的时候，你却有很充分的时间可以去想一下该要求些什么。真正有经验的"浪漫情人"不用思考就知道什么时候该明说，什么时候用暗示。如果你还没有这么专业，那就继续努力吧！要记住这些举动的主要目的就是要让对方证明他们"爱"你和你"爱"他们一样多。

现在说正经的，很多人认为需要某人就等于爱他。因此，为"爱"所苦，这就是问题所在。和过去的我一样，他们待在电话旁，等着"那个人"打来电话，让他们心情变好，结果得不到他们所期盼的关怀，心情因而跌到谷底。摇滚歌手密特·劳弗唱出了恋爱的真理："我要你，我需要你，但我却绝不会爱你……"期望就是通往地狱之路。因为期望会把接受和让人自由等充满爱意的感觉挡在门外。如果我不能接受别人现在的样子，或不让他们自由地走自己的路，那么我就不是真的爱他们。我只是想从他们身上得到满足，与他们建立亲密关系的目的并不是为了爱，而是为了满足我小小的自私需求。

当我的婚姻中出现紧张情势，或我不想和妻子亲近时，我有很多选择：我可以试着分析哪里"出了错"，我可以为她做点什么事，我可以把自己关进蛹里直到事情好转，我可以和她吵架，我可以故作轻松地吹着口哨，完全否认问题的存在。或者，我也可以扪心自问："在潜意识里，我对伴侣有什么要求？"让人惊讶的是，不开心的原因，往往是沉睡多年的需求。在以下的例子中，我和妻子亲近的程度，足以唤醒我心中沉睡的需求，原因稍后说明。苏醒了的需求朝目标伸出贪婪的魔掌。我希望她证明她爱我，我需要她安抚我的不安全感与无力感。

这些渴望在我认识妻子之前就已存在，且由来已久。所以，我早已像慢性病患者一样，调整自己的生活方式，好让自己不会感觉到它们的存在。然后我结婚了，这仿佛发出了一个信号，让沉睡多年的需求全员出动，对我妻子展开攻势。不过有一部分的我，对自己的贪求很反感，所以没有让这些需求完全暴露出来。我曾是（其实现在还是）使用暗示的权威，我喜欢用微妙的肢体语言、语调和含蓄的暗示来表达我的需要。不幸的是，我的妻子并不会读心术，事实上她也不可能满足我情绪上的无度需索。她没有满足我，让我很失望。其实满足我并不是她的责任，但那时我们都不知道！直到我审视自己的内心后才明白，如果我感到失望、愤恨，一定是因为我对妻子有所期望，而在她做到之前，我无法快乐起来。在这样的亲密关系互动中，最悲哀的是，在"小小的我"得到满足之前，我们不愿意去爱我们的伴侣。紧抱着需求不肯放手，又不让自己去爱，就这样，我们把自己推向亲密关系的地狱。

　　不论是用暗示还是明说的方式提出要求，我们都必须明白一件事：我们真正需要的，没有人能给，也没有人能让我们快乐。在以上的例子中，我也许会认为，只要我妻子对我伸出手、拥抱我，或是向我保证她爱我，我就会觉得被爱且得到安抚，不会再感到无助。然而，经验却告诉我，事实上是我的期望让我不能得到安抚。如我之前所说，期望的目的是让需求得到满足，但在这同时，必然会发生两件事：第一，我们感到内心缺乏爱（如果我们需要某样东西，一定是因为我们自己没有）；第二，如果没有某个人（例如父母）来满足我们的需求，我们就会觉得这个世界没有足够的爱。希望从妻子身上得到爱，只会让我从前的想法变得更牢不可破：没有人爱我，世界没有爱，世界上的人也都没有爱。

　　因此，重新感受多年前的挫折失望，便成了我难以逃避的宿命。我们要求别人来爱我们，那就是否认我们自己心中有足够的爱。觉得不被爱，必定会让我们产生一些缺乏爱的信念，如我们不值得被爱，或我们并不可爱……于是，即使伴侣向我们保证我们是可爱的，我们内心却有一个更强大的声音说我们并不可爱。如此一来，不管伴侣提出多少证据来证明我们值得被爱，都是不够的。就好像耳塞能阻断声音一样，期望也会阻断内心的爱。不管我们多努力地运用暗示或明说的期望，试着让伴侣"变得更好"，都是徒劳无功的，因为我们行为背后的需求，绝不会让我们感觉到自己内心的爱。

如果我们执着于期望和要求，那么，就像骑士寻觅圣杯一样，我们寻觅真爱的任务注定要失败。骑士找不到圣杯，因为它的所在，正是骑士们认为最不可能的地方，那就是他们的心中。

当你了解了期望和要求对你的生活所造成的影响之后，你很快就会明白它们所造成的后果——使人不悦的，但十分确切的，双方都要承受的后果，如压力、失望和愤恨。

压力、失望和愤恨

"期望 = 愤恨的前身"

——佚名

压力分为两方面：一方面，你希望伴侣让你快乐，而让对方感到压力；另一方面，你自己也承受着压力，因为你也必须做对方要做的"一切"。有时候我会想象，如果我的妻子试着满足我所有的需求，会发生什么事？她可能得随时察言观色，想办法在适当的时机满足我，还得注意质量的好坏以及时间的长短。我想这样过一星期之后，她可能就属于精神崩溃的高危人群了。

两个人都对彼此做过度的情绪索求，会在脆弱的亲密关系互动上，施加极大的压力。

如果对别人取悦我们的能力抱以太大的期望，那么失望将会是必然的结果。当把梦想寄托在别人身上时，我们会因为梦想即将成真而感到兴奋。但当现实的因素出现时，我们原本飞上云霄的心情，就一下子跌至谷底。有时候，这样的失望会让我们认为对方是故意在欺骗我们——因为他们耍诈，让我们相信他们可以给我们所要的一切。

我有一位案主是这么说的："我以为我娶的是美人鱼，可是有一天早上我醒来，却发现身旁的是来自黑洞的恐怖生物！"也有些时候，我们并不觉得被骗；对方的确拥有我们所需的事物，只不过他们太自私了，不肯给我们。这种想法会带给我们无尽的挫折：毕生的梦想就近在眼前了，而某人却胆敢不让我们圆梦！

不管是被骗还是被拒之门外，梦想得不到满足，我们一定会感到愤愤不平。愤恨是悲苦、不满足和失去信任感的组合。有趣的是，不管小孩或大人，需求不被满足时的反应都是一样的。他们会觉得悲苦，受到不平等对待，并决定再也不相信那个应该爱他们、照顾他们的人。多年前我看过的一个公式，后来在我的工作和生活中都反复地得到验证，那就是：期望＝愤恨的前身。换句话说，期望终究会转变成愤恨。

在一起一段时间之后，你就会觉得她走进房间时不再令人感到仙乐飘飘、心旷神怡；或你不再觉得他的微笑像烟火一般灿烂。很快，你心目中的公主或英雄的形象，就只剩下丢得到处都是的脏衣服，而要把它们捡起来丢进该死的洗衣机的人却是你！这也就是月晕现象退去的时刻，你即将进入亲密关系的第二阶段，也就是我称为"幻灭"的阶段。

好消息是，有一种较好的处理方法。在你对亲密关系有不满意时，先问问自己："此时此刻，我希望从伴侣身上得到的是什么？"

答案应该很清楚——你所需要的，往往是情绪上的事物，但从表面上看来可能像是实质的需求，例如希望伴侣抚摸你、记得你的生日、约会时不要迟到或是陪你逛街等。我和女友约七点见面，她却八点半才来，我当然会不高兴，但真正的原因不是她迟到，而是她让我觉得自己不够特别。专注在守时这个问题上，只不过是给我一个对她发脾气的借口，而我真正的需求仍然没有得到满足。当我自问："我真正想要她给我的是什么？"我才发现，我希望她让我觉得自己很重要，重要到她应该愿意为了我而守时，甚至早到！（很巧，当我了解到我不需要她以守时来证明我的重要性的时候，她也开始不再迟到了。）

　　了解自己的期望及其背后的需求，是一种后天学来的技巧。通常我们只会意识到自己希望伴侣做些什么或改变什么，却不会察觉自己深埋在潜意识里的需求。我们希望伴侣做或说一些事，但不会意识到我们希望他们这么做，其实是为了满足自己某些情绪上的需求。我们并不是真的要伴侣记得我们的生日，我们要的是他们证明我们的价值。我们希望确认我们值得被爱。既然我们一辈子都在掩饰这些需求，不让别人甚至也不让自己知道，那么现在想要揭开它们的庐山真面目，自然也就不是那么容易了。这时候，我们就需要使用到人类的三大利器：想象力、意向和直觉。想象力能让我们突破界限，看到更多的可能性；意向是向某个方向前进的意愿；至于直觉，则必须比较小心地定义，因为这个词往往会让人联想到某种超能力。我们内在有一种力量，我称之为"灵魂"，它会引领我们得到平静。我们受的伤，灵魂会为我们治好。当我们被错觉所迷惑，看不到真相时，灵魂会让我们摆脱错觉的影响。灵魂思考的方式，才是我所谓的直觉。如果你不清楚自己想从伴侣身上得到什么么，还是可以问问自己："此时此刻，我想要伴侣给我什么？"如果你有诚心求知的意向，那么你的直觉为了让你不再受需求的束缚，会刺激你运用想象力去找出答案。假设答案是："我需要关注。"即使你觉得这个答案不合理，但只要它是人类确有的需求，不妨相信它就是正确答案。如果答案是希望伴侣开始做或不再做某些事之类的，那就请你先理清自己的意向，然后再问一遍同样的问题。希望伴侣改变或做些什么是一种期望，而不是你自身的需求。

在你找出自己真正的情绪需求之后，再问自己一个问题："我愿不愿意放弃这项期望呢？"换句话说，我愿不愿意不再把满足这项需求当作伴侣的职责？我愿不愿意寻求自己内在的力量来满足我的所有需求呢？我愿不愿意让这种内在的力量成为我快乐的源泉，而不再把伴侣当成予取予求的对象？如果你的答案是肯定的，那么你的直觉会告诉你该如何放手。你该做的已经做了，剩下的就交给你的灵魂去处理。

怎样才能知道你是不是真的放手了呢？看看你的伴侣就会明白。如果你感到爱在你们之间交流，你就知道你已做到了。如果你没有感到轻松，那么你可能还没有完全放手；或者，如果你真的已经放手了，却发现在第一个期望的背后，还有另一项更强的期望等着浮现，那么，不论你的情形是前者还是后者，都请再重复一次上述的练习。

一切都取决于你的意向。如果你愿意放手，就有机会发现，你所需要的一切，其实都存在于你的心里，不假外求。如果你不愿意放手，那就请做好心理准备来面对更糟的情形。因为不被满足的期望，迟早会变成愤恨，让你和伴侣渐行渐远。在你能察觉之前，早已置身于通往地狱的路上了。

如果你有精神上的信仰，那么在你不再用期望来束缚伴侣之后，你可以想象自己已把需求交付给内心的那种较高层次的力量，这会很有帮助。不妨想象在你头上六英尺高处，有一道"灵魂之光"，而你就把需求都交给这道光。我们要切记，意向、想象力和直觉是我们人类最有用的三样利器。如果你有真诚的意向，希望自己的需求不再成为伴侣的重担，你的直觉就会让想象力得到目的及方向。想象力会带来可能性，而可能性决定我们能看到些什么。换句话说，能够想象的事就可能实现！

那么，如果你决定放手，该怎么让需求得到满足呢？我知道这听起来会很奇怪，但事实是，我们并不需要自己认为需要的东西。需求是在我们忘记自己的心早已拥有一切时，才会有的错误想法。耶稣说，天堂在人心中。佛祖说，世上万物都在我们心中。所有伟大的导师及有先知灼见的人都曾说过类似的话。但如果我们不实际尝试，这个理论永远只是美丽的空想。当放弃一项需求时，我们便把心中原本被需求占据的空间释放出来；而宇宙中是不容许有空洞存在的，所以我们心中的空间将会被爱所填满。

在亲密关系月晕现象的中心，存在着真爱之光。这种力量，才是人与人互相吸引的真正原因。每一段刚开始的亲密关系，都蕴藏着无限的可能性：一开始的心动可能转为真正的热情；一开始的欢乐可能成为真正的喜悦；而伴侣间的笑声，提供了调剂生活的幽默。在这一切的背后，蕴藏着纯真的灵魂关系。或许第一阶段的月晕现象是美丽而令人心动的，但由灵魂所引导的亲密关系，远比那光彩还要更美更动人。这才是我们心中真正向往的。

1. 最初你被某人吸引，通常是由于情绪上的需求。

2. 这些需求大都源自孩提时代未被满足的需要。幼儿的两大主要需求是归属感和确认自己的重要性。

3. 幼时的需求便是构筑梦中情人蓝图的骨架。你相信这个梦中情人会满足你所有的需求，尤其是想当特别的人的需求。随着年龄增长，梦中情人的蓝图变得愈来愈复杂，你的期望也愈来愈高。

4. 你会以梦中情人所拥有的特质作为寻觅伴侣的准则。在潜意识中，你把准情人和梦中情人相比，选出和梦中情人最相似的作为你追求的目标。

5. 接着你便借由明说或暗示的期望与要求，着手将选中的人改造成你的理想情人。你相信只要伴侣能变得和你的梦中情人一样，你就能得到渴望许久的爱。你不断地向情人提出要求，心想如果他／她"真的爱我"，就一定会顺从。

6. 你终究会发现，需求并不能完全得到满足，因而感到失望，甚至愤恨。如果你感到愤恨，这就代表月晕现象的第一阶段已经结束了，你进入了亲密关系的第二阶段——幻灭。

7. 想要安全度过"月晕现象"阶段，你就要学习放手和接受。

如果你能不把自己的需求强加在伴侣身上，你就能在自己内心找到你真正需要的事物。摆脱了需求的束缚，你就能感受到纯粹的爱。然后，你能和情人分享的事情就更多了。另外，学着接纳你的伴侣（但并不是滥用忍耐力），也能让你学习到接纳本来的自我，而不再认为你需要些什么来让自己变得完整。学会放手和接纳之后，你一定会明白，你原本就是一个完整的个体，所需要的一切，都存在于你心中。

Chapter 3
第 三 章

幻灭

"我是与一个幻觉结婚,药效退了之后,我觉得他糟透了。"

——一位案主

随着愤恨的到来，你就进入了亲密关系的第二阶段——幻灭。小时候，我很喜欢看西部电影和电视节目。我会幻想自己是个牛仔，头戴白帽，帮助小镇居民赶走坏人。这类节目中我最喜欢的就是西部小镇风光——旅店、沙龙、杂货店，还有让我——不，我是说让英雄存放马匹的马厩。我喜欢建筑物上粉刷得干净均匀的油漆，还有居民们美丽的衣服，当然啦，永远脏兮兮的醉汉是不包括在内的。我也喜欢酒吧里打架的场面，英雄就算脸被揍了三十几拳，帽子还是好好地戴在头上不会掉下来，当然脸上更不会有任何伤痕。

在看到真正的西部小镇和居民的照片之后，我的梦想完全破灭。白色的帽子到了那种地方绝不可能还是白色。早期的西部小镇大都脏兮兮的，房子都是草草搭建的木屋或帐篷。油漆就更别想了，墙上如果用白油漆随便刷了两下就算不错了。那小镇的居民呢？服装华丽这个形容词，大概不太可能用在他们身上。他们看起来都像是我不喜欢的西部片中的醉汉。到现在我还记得梦想被残酷的现实扯碎的感觉。有好长一段时间，我相当不开心。

幻灭这个词，往往给人负面的印象，让人联想到愤怒、绝望甚至背叛等感觉。事实上，这个词的意思是——不再被错觉所迷惑。这其实是件好事。人类是尊重并渴求真相的。如果无法赶走错觉，就看不到真相，那我们就像是被禁锢的囚徒，永远得不到真正的平静与满足。亲密关系能够驱散我们对爱的错觉。这个过程的开始，是在我们感到失望，并觉得自己似乎错了的时候。或许，我们身旁的这个人并不是我们快乐的源泉。一开始我们也许会觉得选错了伴侣而再度开始寻觅。但是，只要有期望，就有失望。最后，就连无可救药的浪漫主义者，也会明白我们快乐的源泉并不在别人身上。我个人相信，幻灭是灵魂给我的礼物，让我能从"向外寻求快乐"的错误思想中跳脱出来。

然而，幻灭的过程可能需时甚久，就像从一砖一瓦开始拆除一座大教堂一样。在我们的需求没有得到满足，对伴侣的改造计划又全都不起作用的时候幻灭就到来了。这时，我们就会做出一些"偏差行为"。

偏差行为

"是恶魔逼我这么做的！"

——佚名

　　珍·尼尔森博士在她的书《正面教育》中说，当小孩的归属感和确认自己重要性的需求没有得到满足时，他/她就会觉得沮丧。每个孩子感到沮丧的程度不同，但都会导致他们做出某种偏差行为。尼尔森说行为不端的孩子并不是坏孩子，只不过是沮丧的孩子。她指出了四种主要的偏差行为：

　　——引起注意（看看我！看看我！）
　　——权力斗争（我不想做，你不能逼我！）
　　——报复心理（你伤害了我多少我也要伤害你多少。）
　　——自我放逐（努力有什么用呢？反正我一点也不重要。）

括号中的字是我加上去的。前两种行为的目的是满足孩子的两大需求，而后两种则是孩子在觉得需求永远不会被满足时，被深刻的沮丧、痛苦驱使而做出的毁灭性行为（通常是自毁）。

既然成人的亲密关系往往能让旧伤复发，你将会发现，你以为自己已不再做的这些小时候的行为，其实依然跟着你，只不过是换上了较复杂的形式罢了。当你因为欲求不满而愤恨时，你会重新感受小时候的你在同样情况下所感受到的沮丧。这也会让你做出和小时候相同的偏差行为。偏差行为的目的往往是要控制伴侣，并借此避免梦想幻灭。如果对方不愿意主动满足我们，那我们可以耍点小伎俩来诱使他们这么做。如果前两项行为不奏效，你至少还可以用报复的手段来扳回一城。如果这样仍然不行的话，你还有最后一招，就是干脆放弃，把自己缩进冷漠忧郁的壳里。你可能仍会不满，但至少不必感受真正的痛苦。如果你从偏差行为的角度来观察一对如何企图控制对方的夫妻，你就会发现罗伊·哈柏说得一点也没错："大人其实也只是幼稚的小孩。"但只要我们仍被错觉所迷惑，我们就会用大人的逻辑和理论来为自己的行为自圆其说——当然是在我们有勇气去检视自身行为的前提之下！为了吸引伴侣的注意，我们会继续这样的偏差行为。我们可能会装作可爱、亲切、有能力、坚强、有趣、聪慧、有耐心、勇敢、害怕、脆弱（当然是那种很可爱又性感的脆弱）、心不在焉、有深度、酷、辣等。吸引伴侣注意力的方法太多了，而且每天都还会想出新花样。

然而，没有一种吸引注意力的法子能够一直不被识破。你的伴侣早晚会厌烦，而且会感觉到这种行为背后的期望所带来的压力。

毕竟，如果对方每天都看到同样的举动，很快他们就习以为常而不再注意了。当你发现自己不再被注意或赞赏，你会变得更加沮丧。很快你就会开始做出第二种偏差行为——权力斗争。

权力斗争

"当人们开始争吵时，地狱便敞开欢迎之门。"

——克里斯多福·孟

我用"权力斗争"这个词来形容双方都很努力地让自己看起来有力量，从而突显自己的重要性的做法。但当亲密关系继续发展下去，权力斗争就不仅仅是这样了。随着沮丧感愈来愈重，权力斗争慢慢演变成双方争夺亲密关系主控权的战斗，双方都努力地想要改变对方的想法、话语和行为。

伴侣的一些小怪癖，你以前觉得很可爱，现在却显得很恼人，而且常常成为争吵的主因。他奇大无比的笑声曾经是那么新奇有趣，现在却让你脊柱发麻。她说的故事曾经是那么扣人心弦，现在却让你无聊得想要尖叫。也就是说，在某种程度上，你们已经开始让彼此心烦。这个时候，你似乎只有以下几种选择：一、用蛮力或恐吓强迫伴侣改变生活习惯、说话方式、穿衣风格、头发长度等；

二、学习圣人般的忍耐力；三、甩掉现任情人另觅新欢。大多数人，不管原因为何，都选择一，于是权力斗争就此展开。

我们常常以为，权力斗争的方式不外乎大吵大闹、互砸东西或拳脚相向。但事实上，权力斗争可以有许多不同的面貌，包括冷战、避不见面、冷嘲热讽或单单是互给白眼。一对我认识的夫妻如果在吵架，我一进他们家门马上就会知道，因为整个房子静得像座教堂，而且带着恐怖片高潮的那种张力。但是，我这两位朋友却对彼此极为有礼，不让藏在这种假象之下的核子大战爆发出来。而我认识的另一对夫妻，在吵架时却会大吼大叫直至声嘶力竭，即使两人的脸相距只有几寸，也丝毫不减音量。

在这两个极端之间，权力斗争还有无数种形式，而不管哪一种形式，对亲密关系的危害都是一样的，但也都蕴含着让人发现真爱的可能性。

爱情一开始的魔力一旦消失了，也就是你必须面对幻灭的时刻。吵架只是为了不去面对幻想背后的事实。但如果厌烦了假装一切都在控制之下，你不妨偷看一下幻想帘幕背后的东西。躲在幕后的是什么呢？除了起初的沮丧感之外，你也会看到另一段旅程的开始。

胡萝卜、西瓜与痛苦

"曾有一个治疗师这么说：虽然痛苦不是真的，但当我想象自己坐到一根针，而它刺穿我的皮肤时，我并不喜欢自己幻想出来的感觉。"

——佚名

一旦展开权力斗争，伴侣之间的改变往往令人惊讶。亲密关系刚开始的时候，两人春风满面、笑容可掬，当他们凝视对方的时候，眼神总是充满爱意。一旦梦想开始幻灭，微笑就变成了皱眉，眼中的爱意也转变为怒火甚至恨意。到底发生了什么事呢？为什么我们把伴侣当作大敌般看待？让我来解释这种不愉快转变的原因。

许多我认识的人，包括我自己在内，都有小时候被强迫吃不喜欢的食物的负面回忆。以我来说，最讨厌的食物是煮过的胡萝卜。

我的父母很少买新鲜蔬菜，所以我吃到的蔬菜都是罐头的。我父母把这些原本就煮得过熟、装了罐的蔬菜买回来后，还会把它们倒进锅里再煮一次！在我家里有一项规定，每个人都要把自己盘子里的食物全吃完才准下桌，而且我父母拥有令人赞叹的决心，他们总会亲自监督，确定大家都遵守这条规定。

有好几年的时间，每个星期总有一晚，我会瞪着盘子里恶心的橘红色块状物，心想这种东西一定是用来让小孩子呕吐的，要不然，至少也会杀死好几千个脑细胞或损害其他重要的器官。我千方百计就是不愿意把胡萝卜吃进肚子里！我想过屏住呼吸，把胡萝卜塞进嘴里，然后装作若无其事地溜进厕所，把它吐到马桶里。我试过把胡萝卜喂给小狗吃。我也试过趁我父母走开或不注意的时候，把胡萝卜偷偷倒在我腿上事先预备好的纸巾里。我甚至还试过把盘里的胡萝卜分散开来，装作我已吃完，只剩一些残渣。但是我这些计谋，几乎从来没有成功过。我通常都在进行到一半的时候被逮个正着，然后就只好别无选择地把胡萝卜吃掉。原本就湿湿软软又难吃的胡萝卜，被我这么一弄，更是变得又冷又糊，实在难以下咽。

有一天，事情有了小小的改变。那天晚上，一如往常，在拖拖拉拉一个多小时之后，我终于很勉强地把最后一块过熟的胡萝卜吞进了肚子里，吃完后我松了一口气，心想还好胡萝卜没有再出现在我盘里。然后，我母亲拿了很大一块巧克力蛋糕摆在我面前。那块蛋糕味道很浓，上面覆有一层巧克力糖衣，而且大约有一磅重。这样的甜点在我家简直像黄金一样稀有。这时，我母亲说了一句小孩子最爱听的话："如果不够的话，还有很多。"第一块我不用两分钟就吃完了，第二块也是如此。我父母都看傻了，父亲笑了笑问我说："你吃胡萝卜为什么不能这么快呢？"我当然可以回答，但我没有笨到把答案说出口："老爸，我可没有看过你把不爱吃的食物放进自己的盘子里！"

我现在可以告诉你之前那个问题的答案了：尽管不愉快的经验是不可避免的，人类仍会挣扎着去闪躲或拖延。就像我，宁愿在硬邦邦的椅子上坐好几个小时，幻想着盘子里的胡萝卜会奇迹般地消失，也不愿面对可怕的现实，把那恶心的橘色玩意儿放进嘴里。

在亲密关系中，我们也采用相同的原则。和伴侣展开权力斗争，就是为了避免或拖延自己心中浮现的不愉快。这种痛苦的根源究竟为何？想要知道答案，我们必须再回到幼时需求这个问题上。在前文中我曾提到，孩童的两大需求是归属感和确认自己的重要性。若是这两大需求不能得到满足，我们会很痛苦，甚至严重到心碎的程度。

为了把自己从伤痛中拯救出来，我们必须远离造成痛苦的人或事。"妈妈不重视我，我好伤心，我要把痛苦赶走，让它消失！"在远离痛苦的同时，我们也远离了造成痛苦的根源，在上面的例子中，痛苦的根源是母亲。事情后来就变成了这样：我们既沮丧，又远离生命中最重要的人，绝望地试着把心碎赶走。

但是痛苦并不会消失，如果我们不好好处理，痛苦永远也不会消失。在较早的几段亲密关系中，我最不能了解的是：伴侣只让我发觉到痛苦的存在。其实痛苦存在我心中已经很久了，只不过我不愿去感受。让我惊讶的是，我一直在否认痛苦的存在，却一点都没有察觉到自己在这么做。要在旧痛一浮现时就立即发现，需要敏锐的洞察力，若要以负责任的态度来面对，不把自己心爱的人推开，则需要更超凡的能力。有一点很重要，必须注意：在分享过一段特别亲密的时光之后，情侣们往往最容易吵架。

当两人觉得特别亲近，一切都特别美好，幽默感和温柔也比平时要多的时候，好像这些亲密时刻经历到的爱，让我们有力量去不自觉地唤醒过去的伤痛，好让它们现在得到当时无法得到的爱的关注。但是，想要疗伤的企图却往往导致激烈争执或变成亲密关系危机的导因。在明白这个道理之前，我曾认为自己和女友争吵的原因分为以下四种：

解释一：我们的争吵是你起的头。并不是我想吵架，是你侵犯了我的领域，我只是保护自己罢了。

解释二：我们这次吵架，看起来好像是我起头的，但我只不过是指出你做得不好的地方，又顺带提到你还有别的行为也需要改进——比如你来月经时的举止。你就是不能接受有建设性的忠告，还把它当作批评。跟你比起来，我的态度已经够好了。

解释三：我们会吵架，是因为你明明是错的，却又打死也不承认我才是对的。那我只好发脾气了，不然你不会明白自己是错的。

解释四：我们会吵架，不是因为我受到伤害。我只是有点不高兴而已。换作别人，你这样跟他们说话，他们也会生气的！你说这是建设性的忠告，但我听起来却觉得像是刻薄的批评。

有很长一段时间，我一直不了解，和伴侣吵架只是为了不去感受旧痛。我的伴侣所做的，仅仅是让这些旧痛浮上我的意识表层而已。我当时也不知道，我所说和所做的，也可能在朋友和伴侣身上造成同样的效应。要记得，我们宁愿争吵也不愿面对伤口，是因为生气比承受心碎要简单得多。不要忘了伤痛的背后随之而来的就是沮丧。于是，当你打算正视争执背后的问题时，会有一个劝阻的声音响起，告诉你将要面对的伤痛是你承受不了的。这让我想起另一个故事。

我以前有一个房东，他告诉我，他长大的地方，就在我即将搬去的那一区。他说，在他小时候，那里是农田，他爸爸就在田里种西瓜。他张开手臂，很夸张地对我描述，那些西瓜大概有四英尺长。过了一会儿我才想到，对一个七岁的孩子来说，就算一个普通的西瓜看起来也像是庞然大物。随着年龄增长，他记忆中的西瓜也跟着长大。

你也可以用相同的逻辑来看待儿时的创伤。当我们还小的时候，创伤可能让我们觉得难以承受。但现在我们长大了，或许已拥有从不同的角度来面对它的能力。也许，现在痛苦已经不像从前那样难以承受了。用较成熟、理性的态度来处理权力斗争，不只能让你面对过去的伤痛，也能让你不再受其负面影响。这些负面影响，也就是自我局限的信念。

信念：想法的果实

"种下想法，就得到行动；种下行动，就得到习惯；种下习惯，就得到人格；种下人格，就得到命运。"

——佚名

我不知道以上这段话是谁说的，但我听过之后就一直牢牢地记着。这段话的意思是，一旦有一个想法在你心中酝酿，就会产生一连串的连锁反应，造成深远的影响。

阿诺·培顿在他的著作《拥有一切》中说，一个普通人脑子里每天都有大约五万五千个想法，其中大多数是旧有的想法。许多想法从小时候起，就一直存在我们脑子里。你的脑袋就像一台可以永远录音的录音机，不断重复播放相同的想法。想法是信念的主要成分。如果想法是颗种子，把它种下，你得到的果实就是信念。

如果小时候你有过不愉快的经验，比如爸爸答应带你去露营，你很想去，但爸爸却爽约了。也许爸爸工作太忙了，不得不放弃休假；也许爸爸生病了，或是根本忘了这回事。小孩子眼中的世界并不大，所以爸爸的理由也一点都不重要。你可能会很失望，这时候，你就会产生一些想法来诠释你所经历的事。也许其中一个想法是这样的："爸爸不爱我！"也许从这个想法又衍生出另一个："没有人爱我。"如果这样，会发生什么事呢？如果你一再失望，这些想法就会变成一种信念，让你相信自己真的不可爱。如果这样的信念在你脑袋里一再播放，过了几年，你可能就会认为这就是事实。而一个深信自己并不可爱的人的命运会是如何呢？

　　从这个观点，我们不难发现，过去的创伤并不会随时间逝去。每个自我局限的信念，都来自过去的创伤。我们每个人都像做出科学怪人的弗兰肯斯坦博士一样，创造出一些怪物般的想法，在我们的生活中造成大大小小的灾难。你对自己和这个世界的限制性信念都不是真的，让你觉得自己很渺小或差劲的想法也对你没有任何帮助。然而有许多人仍然有这样的信念，不知道它们的来源，也不知道它们应该只是过客，不应在他们脑中长驻。找出这些信念在我们心中驻足的所在，将会很有帮助。

过去的魅影

> "过去的事虽然已被我们抛在身后，却如同魅影一般，如影随形，挥之不去。"

—— 克里斯多福·孟

结婚一年半，我和妻子已深陷于权力斗争中。这时我发现，在写结婚誓词时我犯了大错。结婚时，我和妻子的结婚誓词都是自己亲自执笔，并在众人之前宣读。我们的誓词满溢着承诺、诗意与爱。当我诚心诚意地发誓将会无条件地爱着妻子，不论顺利或是艰难的时刻，都会尊重并仰慕她，不让痛苦阻挠我们的爱时，我感动得流下热泪。这些承诺是我真心真意想要遵守的。问题是，这些承诺虽美，却不实际。换句话说，这些是我不可能做到的承诺。如果我希望做到自己的承诺，那我的誓词将会变成："我发誓，在学习无条件爱你的过程中，我会带给你难以想象的痛苦，导致你对我说出连纽约的出租车司机听了都会吓到的话，而且让你后悔遇见了我。而当你对我做出相同的事时，我会用一个三岁小孩的成熟度来响应，而且用急性子和坏脾气来当作我的两大武器。我永远也不会记得，我们只是两个尽力想做到最好的普通人。我会把你当作我唯一的快乐源泉。最后我才终于成长并了解到亲密关系的真正目的。"如果是这样的誓词，我就可以轻松地做到了！

在进入一段新的亲密关系时，我们会把过去的旧痛、旧伤也一并带去。小时候我们会把没治愈的创伤埋在心底，以免感到痛苦。为什么呢？除了不想感到痛苦，还有一个原因——幼时的创伤有时难以承受，如果不把它除去，我们会觉得自己好像要死掉了。

我还记得小时候，有一次不小心把狗链弄丢了。我父亲勃然大怒，打我耳光而且把我骂得狗血淋头，足足骂了一个多小时。打耳光还不要紧，痕迹当天就褪了，但心灵的创伤却不会这么快就痊愈。我希望父亲原谅我、爱我，但他并没有。我好难过，简直心都碎了。然而，过了几小时，我就在屋外跑来跑去，跟哥哥嬉笑玩耍了。也许你会以为是小孩子对痛苦的抵抗力较强，所以我很快就忘了那件不愉快的事，继续过我的日子。然而，多年之后我却又想起了这件事情，而且重新感受到六岁时被父亲打骂所造成的心灵创伤，再一次感到心碎。

身为一个治疗师，我知道我从小到大处理伤痛的方法和大多数人没有什么不同。我们都经历过令人心碎的痛，而如果不处理它，可能会对我们的生活造成影响。于是，我们在心里开辟出一个储藏室——也就是潜意识——并把所有压抑的痛苦都丢进去锁起来，然后忘记有过这回事。潜意识和储藏室很像，都是用来收纳我们不想要却又不知怎么处理的东西的；但不同的地方是，潜意识可以无限地扩张，容纳愈来愈多的不愉快，让我们不用去面对痛苦。

你可能会问，既然潜意识可以无限地扩张，那么继续把痛苦回忆往里塞，有什么不对呢？如果伤痛明明可以避免，又为什么要让自己去承受它呢？我很想同意你，但这个想法有其潜在的危险性。其中之一是，小时候为了避免伤痛，我必须收起对父亲的感情，离他远远的，保持一个距离，而我情感的创伤一直阻挠在我们前面。

另一个危险是，如同之前谈到的，痛苦的经验往往会让我们产生对自己和世界的一些限制性信念。举例来说，狗链事件可能会让我认为父亲不爱我。既然我父亲在我心中是一个极有权力的人物，我可能会因此推论，所有男性权威人物都不会爱我。然后，我可能会一辈子都害怕老师、警察、医生、上司等人。恐惧让人无法自由地发挥自我。再往下想，如果我一辈子都害怕这些人，那我对自己会有什么样的看法呢？我可能会认为自己是个弱者、失败者。而我们对自己的看法，往往会决定我们选择什么样的工作、交什么样的朋友、住在什么样的地方，以及许多其他的事——甚至可能包括我们开什么样的车。你可能会觉得很难相信，被父亲打骂的单一事件，竟然会让我产生这种软弱的信念，造成这么低落的自我价值感。事实上我也同意，如同之前所说，单一的痛苦事件只是种子，但之后类似的经验，便会让自我局限的信念茁壮成长。这个例子只是用来说明，过去的创伤如果没有愈合，我们就会对自己产生负面的想法；但如果我们用健康的方式把伤痛处理好，我们的信念也会随之改变。

我们都依据对自己的想法而活。如果你真心相信自己是个成功的人，那么你的失败也会帮助你迈向成功之路；如果你相信自己是个失败者，那么再大的成功在你眼中看来也像是失败。所有源自未愈伤口的信念都是自我局限的。既然我们自己的信念与过去的创伤关系密不可分，而过去的事早已记不清，更不可能改变，那我们要如何才能挣脱束缚呢？这也就是为什么亲密关系是无价之宝了。亲密关系让我们有机会重新面对并治好旧伤，从而改变衍生自伤痛的错误想法。

回家

"如果离开家的时候，你并不感到平静，那么你其实并没有离开。"

——克里斯多福·孟

我的一位同事亨利，曾对我叙述有一次他回家乡的经历。他的一位老朋友荣恩（化名）和妻子贝蒂（化名）邀请他吃晚餐。这对夫妻感情并不太好，正深陷在权力斗争之中。晚餐时，贝蒂不断对亨利抱怨她丈夫多么没用。她一会儿向我的同事抱怨，一会儿又转过头去对她丈夫大吼大叫，然后又继续向亨利抱怨。她所说的大致是这样："亨利，这家伙真没用！他做一样工作才几个月又不做了。他实在太没用了，什么工作都做不长久。看在老天的分上，你能不能做点什么啊，荣恩？你为什么不回学校多读点书？亨利，你来跟他说。他没大脑的！他根本照顾不了自己家人，真没用！他应该去让车撞死，至少我们还可以领保险金。你就剩下这点用处了，荣恩！你为什么不……"我的同事听着这样的口头轰炸，目光则不时转向他的老友，而荣恩则从头到尾都盯着自己的食物，很少开口，只偶尔耸耸肩说："你到底想要我怎样？"然后又继续静静地吃他的饭。

让亨利十分震惊的是，这情景似曾相识。亨利从小时候直到十几岁，都常和荣恩及他母亲共进晚餐，而荣恩的母亲总会向他抱怨她儿子多没用。这就好像贝蒂是为了扮演荣恩母亲的角色而去受过训练的演员一样，这两个荣恩生命中最重要的女人，就是有这么像。（亨利曾对我说过贝蒂是个很好、很会照顾人、有爱心的女人。只不过在这个阶段，他们也像其他深陷于权力斗争中的夫妻一样，从对方身上引出最糟糕的特质。）

亨利告诉我，他的老友有个悲惨的童年，因此长大后他也自视不高。荣恩所有的朋友都知道他母亲对他很不好。那么，他为什么会娶一个像他母亲一样整天辱骂他的女人呢？而贝蒂又为什么会嫁给一个令她如此不满意的丈夫？我十分确定，当他们初遇的时候，贝蒂不是这样想的："哇！这家伙真是个不折不扣的失败者，我希望他向我求婚！"而荣恩也不可能这样想："好一个喋喋不休的女人，幸好没有人先我一步找到她！"

只有在彼此熟悉之后，他们才发现对方不怎么吸引人的一面。一个旁观者可能会觉得晚餐那一幕十分不堪，但事实上，那就是荣恩的第二次机会。小时候他不知道该如何响应母亲的不满，所以只能任她批评而产生自卑的想法。现在和贝蒂在一起，他得到了找出较好应对方式的机会——能够治好自己和妻子的旧伤的机会。所有亲密关系都蕴含着这样的机会，要看当事人能不能好好把握。谁说过去的事就不能挽回呢？

被善意之火误伤

"每个人都会伤害他所爱的事物……"

——奥斯卡·王尔德

在一段亲密关系中，伴侣之间愈亲密，分享就愈多，我们就愈可能发现平时不易察觉的旧伤。举个例子来说：一个女银行职员生我的气，骂我是浑蛋，和我妻子生我的气，骂我是浑蛋，哪一个较伤人？我和女银行职员一点关系都没有，但我对妻子的感情，几乎和我小时候对母亲的感情一样强烈。所以，妻子骂我浑蛋，会比较容易唤醒我潜意识中的记忆，让我想起小时候母亲对我失去耐性，而说了伤我心的话。借由和妻子间的亲密关系，我可以察觉，并选择原谅母亲曾经造成的伤痛。但我必须记得一件事，那就是，当我想和妻子吵架时，原因往往不是出在她身上，而是来自过去未解决的伤痛。

所以，如果我和妻子吵架，只会把事情弄得更糟。不直接面对旧伤，只会让自己过得更惨，而由于我坚持我的痛苦是妻子的错，也让她很不好过。我们不正视问题，却情愿为了一些鸡毛蒜皮的小事吵架，例如我认为沙发应该摆六十度角，她却顽固地坚持四十五度角。当被卷进权力斗争的旋涡时，你一定要切记：我生气的原因，不是我自己想的那回事。为了阐释这个论点，让我们来看看权力斗争中有哪些争吵的主题。这其中有些例子是我在工作上、朋友之间，或我自己的婚姻中观察到的：

——夫妻为了孩子将来该上哪一所高中而吵架。（这对夫妻的小孩都还没上小学呢。）

——一对情侣为了下任美国总统会是谁而争论。（他们都不投票，而且两人中只有一位是美国人。）

——夫妻为了摆放沙发的角度而吵得不可开交。

——为了他们看到的一只鸟究竟是黑鹊还是乌鸦，一对夫妻几乎闹到离婚。（至今这个"重要的"问题还是没有得到结论。）

——两位相识超过二十年的老朋友，为了一百美元的欠债而闹到不和对方说话。

——我不太确定这对夫妻争吵的主题，但一方不论说什么话，另一方都唱反调。（例如："雪是白的。""才不是！你没听过黄色的雪吗？"）

在我看来，让权力斗争更痛苦的原因是，争执的两方往往是真的关心对方。只不过痛苦实在太强烈了，让我们感受不到内心里渴

望与对方分享的爱。只要找出解决痛苦的方法，我们就会发现自己
其实是多么好的人，而让过去的创伤决定我们怎么看自己，又是一
个多大的错误。

因果关系

"每个选择都有其后果。不幸的是，有时你早已忘了自己的选择，后果才浮现。"

——克里斯多福·孟

亲密关系能治愈我们的旧伤，使其不再影响我们的智慧、创造力、人格、金钱、人生方向、自我表达和热情。但在过程中，我们必须先体验对我们造成影响的旧伤。这时候问题就来了！我们本来应该用负责的态度来处理伤痛，却往往怪罪伴侣伤害我们。然后我们会尝试控制他们的行为，确保他们不会再犯。

让我们来看一个实例。

约翰和玛莉同居已经超过一年了，两人住在一间舒适的单房公寓里。本来一切都很好，但最近约翰愈来愈无法忍受玛莉总是把浴室弄得一团糟。一开始他用一种轻松、幽默的语气来提醒她。虽然他们在其他事上大都能互相体贴，但玛莉总是忘记在使用浴室后收拾干净。有一天事情终于爆发了。那天早上约翰一踏进乱成一团的浴室，就立刻转身冲进厨房，而玛莉正在那儿准备早餐。以下是他们的对话：

约翰：老天啊，玛莉，我到底要跟你说多少次，用完浴室之后要收拾干净！

玛莉：对不起，我本来是要收拾的，但你急着进去洗澡，所以我就忘了。

约翰：把牙膏盖上，化妆品收进柜子要花多少时间？

玛莉：我已经说对不起了嘛，约翰，我就是没有足够的时间啊。

约翰：那你可以早五分钟起床啊，我是说，只要该死的五分钟就⋯⋯

玛莉：我能起得来就不错了，你昨晚可是把那该死的音响开到最大声，一直吵到三点！

约翰：少来了，我才没有吵到三点，而且你根本是想转移话题！

玛莉：我才没有！

约翰：就是有！

玛莉：约翰，你总是希望每件事都照你的方式。我也住在这里，你知道吗？有时候你真自私！

约翰：把东西丢得到处都是的人可不是我哦。你简直把浴室变成了要命的障碍赛跑道！

玛莉：你说得太夸张了！

约翰：我才没有！

玛莉：就是有！

约翰：没有！

玛莉：有！

现在约翰和玛莉要怎么解决这件事呢？旁观者可能觉得很容易，只要两个人稍微妥协一下就皆大欢喜了。但我发现有一个问题，妥协也有两面：其一，妥协并不能完全满足任何一方，因为两个人都觉得没有得到真正想要的。其二，更严重的是，问题真正的原因没有得到处理。在上面这个例子中，就算约翰把音响关小声一点，或玛莉把浴室收拾好，还是没有解决问题真正的起因。事实是，约翰和玛莉不高兴的真正原因，并不是他们自己想的那样。想要了解真正的原因，我们就得看看约翰和玛莉有些什么样的生活经历。

玛莉是在严格的家教下长大的，她的双亲命令小孩子必须"隐形"。如果爸爸发现玩具没有收好，就会把它丢进垃圾桶，而且没收她所有的玩具，一个月都不准她玩。如果她不把衣服收好，就会被妈妈处罚。如果她没有把牙膏盖好，父亲和母亲都会生气地唠叨她。不断得到这样的回应后，玛莉开始深信，她在父母眼中不过是个麻烦，最好是眼不见为净。很快玛莉就相信，父母希望她死掉，或至少当隐形人。

于是，在一年亲密的同居生活之后，不知不觉地，玛莉又再次感受到小时候被要求做隐形人的痛苦——她觉得自己的存在，对父母来说是个负担。现在约翰又对她传达相同的信息，让她忆起伤心往事。提到盖牙膏的事就像是揭开她的旧伤疤。约翰批评她的某项生活习惯也许会伤她的心，但如果她小时候不曾有过这样惨痛的经验，或她没有把父母的反应诠释为否认她的重要性，那么约翰的批评也就不会对她造成如此大的冲击。她的伤痛，其实大多是旧有的。

那约翰的童年又如何呢？他小时候经常觉得父母及兄弟姐妹都忽视他的存在。一家人吃晚餐聊天的时候，他说的话好像都没有人听见。当家人讨论要去哪里度假的时候，他的意见没有人理睬。还有两次，他的生日都没有人记得。在心理治疗时，他曾说有一次他盲肠破裂，哭闹了好久，父母才发现事态严重，将他送医，当时他已经快死了。在约翰记忆中，不论是发脾气、耍赖，甚至生重病，他再怎么努力想引起人注意，家人总是嫌他烦，要不就是根本不理不睬。

现在，和玛莉在一起，约翰再一次感觉到，他想要什么，别人根本就不在乎。他一再对玛莉说他希望浴室干净整齐，但玛莉还是不收拾好，这就等于说他想要什么并不重要，换句话说，他这个人也不重要。有他这个人和没他这个人也没什么两样。玛莉的脏乱使得约翰心中的防洪坝决堤，幼时的伤痛便倾泻而出。

当他们相遇而恋爱时，约翰和玛莉都以为自己早就把过去抛诸脑后，但那天早上，两人都觉得自己再一次为了表达自身的重要性而受到伤害。他们都很痛苦，却不肯面对真正的问题，而只是选择一味地争吵。这种行为模式实在太普遍了，以至于大多数人都相信它是亲密关系的一部分，也就是说，事情一直都是如此，以后也不会改变。

事情的真相是，约翰和玛莉都在试图控制对方的行为，借以控制过去的创伤。就像我小时候，情愿一直呆坐在硬邦邦的椅子上，也不愿意吃下恶心的胡萝卜罐头。许多夫妻也是如此，情愿忍受不愉快的权力斗争，也不愿面对争吵背后的痛苦。身为咨询顾问，我发现亲密关系中最大的问题便是我们面对痛苦的态度。每段亲密关系都会遇到困难，而每个问题的背后，都伴随着某种情绪的伤痛。就是这种伤痛，导致争吵、批评或互相指责。如果我们遇到困难却纵容自己任意发怒，这将会让两人的感情渐行渐远。也许一段时间之后，问题会消失，而我们又再次得到平静。但这样的平静，代价却是很大的，因为我们把伴侣拒于千里之外，生怕与他们亲近会造成更多痛苦。

每次与妻子争吵而把她推开后，一旦怒气平息了，我总会有很糟糕的感觉。我会有罪恶感而且感到羞耻——因为恐惧，我把生命中最重要的人拒于千里之外，我牺牲了她来保护我自己。这有什么用呢？痛苦仍在我心中，有机会的话还会再次浮现。和心爱的人吵架并不能解决任何事，而只会让我们愈来愈不信任对方，也愈不信任我们的爱。我们原本应该让爱来疗伤并拉近彼此的距离，但我们却让怒气将彼此的距离拉大。试着把自己想象成一个高玻璃杯，里面装满了水。当你刚认识某个人时，他／她只是轻掠过水面；彼此熟悉之后，对方就开始浸入水面之下，并慢慢下沉。你们彼此愈亲近，对方就潜得愈深。点头之交通常是停留在水面附近，好朋友则往下潜深一些，但亲密的伴侣则会一直下潜到你所能容许的深度。潜得愈深的人，就愈能看透你的面具和外在形象而发现真正的你。

然而，当你们都深潜入对方的领域时，可能会发现，真正的你和他／她也许并不怎么迷人。

多年来我一直把亲密关系比喻成克林特·伊斯特伍德的一部有名的电影：《好的，不好的，和丑陋的》（也被翻译成《黄金三镖客》）。不过我会在最后面再加上一个"神圣的"。当你与伴侣初遇时，你们所分享的大多是"好的"。到了幻灭的阶段，你们便会开始发现所谓的对方"不好的"一面。在这个阶段快要结束，而内省的阶段即将开始时，事情多半会变得"丑陋"。如果你能用健康的态度来面对"不好的"和"丑陋的"，那么内省的阶段将会让你领悟到亲密关系事实上是多么"神圣"。然而，一开始的时候，我们对"不好的"往往会反应过度，而无法只是去"回应"它。要去了解、接受或宽恕，毕竟不是那么容易，相比较起来，发怒就简单得多。

愤怒

"愤怒是短暂的疯狂。"

——何瑞斯

权力斗争中一定包含愤怒的成分，刺激我们做出无情的行为，诸如攻击伴侣的人格、拳脚相向，或是能让家变成冷冻库的冷战等。愤怒是世界上最普遍的情绪之一，而人们往往以十分认真的态度对待它，以致很少人能了解，任意发怒或刻意压抑怒气都是可笑又无用的行为。愤怒既不具创造性、启发性、智慧或美感，也不能鼓舞人或使生活变好。怒气往往让人以排斥来取代包容，而且从来不能解决纷争。此外，愤怒会让人无法感受到自己内心的爱与关怀。那么，既然愤怒是一点用处都没有的情绪，为什么还会被用作权力斗争的武器呢？

据我看来，我们对伴侣发怒的原因有两个：第一，怒气能够麻痹我们心中的痛，压过所有的情绪，甚至能够麻痹身体的感觉。我朋友的例子可以说明愤怒是多么有效的止痛剂：有一次他跟人打架，被人用木板打中头，但他当时处在狂怒状态，只顾着打人，一点感觉都没有。

生气的第二个好处，是能让对方有罪恶感，这样一来，就能有效地控制对方的行为。当有罪恶感时，人会很自然地因为可能被处罚而感到恐惧；我们都知道人在恐惧时是多么容易被操控。在约翰与玛莉的"浴室战争"中，约翰企图让玛莉为她制造的脏乱而感到罪恶，如此他便可以控制她的行为，让她变得整洁一点。这又是为什么呢？因为，如果浴室不再脏乱，他觉得不受重视的那种痛就不会再被触动，而他希望被重视的需求也就可以得到满足了。潜意识里，约翰可能是认为，如果玛莉能为了他把浴室整理得干干净净，就表示他对她很重要。同时，玛莉也企图让约翰为了音响放太大声而感到罪恶。如果他觉得歉疚，也许会不再怪罪她把浴室弄乱的事，那么她就不必感受到不被重视的痛了。他们两个人都借由发怒来止痛，以免对方再触及他们脆弱的一面。与此同时，他们渴望被重视的需求也能得以满足。我实在无法了解，为什么我们会认为，只要生气就能解决事情。更让人不解的是，我们经常以发怒为手段，即使心里明明知道这对寻求快乐并没有帮助。

在约翰与玛莉的例子中，他们的愤怒让他们忽略了一件很重要的事，那就是两人所经历的，其实是相同的痛苦：不被重视的痛苦。像我同事的朋友荣恩和贝蒂一样，约翰和玛莉得到了第二次机会，让他们能重新经历旧痛，用了解和悲悯的心去疗伤，并改正由伤痛衍生出的许多自我局限的错误信念。

从表面上看来，争执的两方似乎往往站在相对的立场。但事实上，所有的争执都起源于双方共同的痛。只要能察觉彼此有相同的问题，他们就能化争吵为理解。不幸的是，用愤怒来保护自己，永远比面对痛苦要容易得多。

在权力斗争中，愤怒有三种表达方式：攻击，情绪抽离，被动攻击。

攻击是公开、明显表示愤怒的方式，通常包含批评、指责、怪罪、威胁、肢体攻击、下最后通牒或言语中伤等几种形式。不论何种形式，都能明显看出对方在生气，而且要你为他们的痛苦负责。有一次我和女友去夏威夷度假，当时我们正深陷在激烈的权力斗争之中。表面上看起来没什么，我们只不过是从早到晚互相批评罢了。她会说我的泳衣看起来很蠢，而我会说她整个人都很蠢。她会说我没户外活动的细胞（难道你连搭个帐篷都不会吗），我会说她一点都不会开车。她会批评我的睡相难看，而我则会再次批评她的开车技巧。她会批评我的社交技巧，而我会说她开车简直逊毙了。我用高分贝的音量来弥补想象力的不足。在一个下雨的傍晚，我们的争吵达到最激烈的巅峰，那时我们的车正开在崎岖的山路上。我们已经断断续续地吵了八小时了，而我的女友忽然成功地攻破了我的防线。我正在开车，所以没法机智地反驳，只能猛踩油门，并转过头去对着她大吼。就在这时，她也开始对我大吼。然后我们就这样，对彼此大吼着，以时速六十英里开在雨中的曲折山路上。我们都已经没话可骂了，却还没有消气。到今天我还是不知道当时是怎么平安开下山的。

后来我才明白，吵架时我们说的话和事情没有太大的关联，我们只是用言语来伤人，同时替自己的行为找个符合逻辑的借口而已。但是，言语攻击本身就是不合逻辑的，而只是用暴力来保护自己。所有攻击都是出于自卫。

情绪抽离则是较沉默的表达愤怒的方式，也是我过去的最爱。如果争吵时只有一方在大喊大叫，不要被静静坐着的那一方唬到了。沉默和大呼小叫其实可以同样暴力。在贝蒂和荣恩的例子中，表面上看起来，荣恩似乎只是一个被妻子念叨的可怜虫。事实上荣恩是用叛逆和冷淡的态度来火上浇油，让妻子更愤怒，使得她看起来更像是坏人，而他则是无辜的受害者。情绪抽离是我过去的最爱，因为它的用途十分广泛。我可以抽离情绪，然后摆出委屈的表情，一副受到伴侣残忍对待的样子，让对方觉得歉疚。或者，我也可以抽离情绪，然后摆出冷冷的、生气的脸，借以告诉对方我很生气，但她不值得我浪费口水。我的言外之意是："滚开，去死吧。"我还可以摆出一副冷冰冰的表情，好像完全无视她的存在，用没有表情的脸，来暗示对方——她对我一点重要性都没有，所以她再也不能对我造成伤害。

我还有一个绝招，那就是做出"被逼到绝境"的表情，好像自己整个人被沮丧的乌云笼罩，来暗示对方或整个世界，他们的冷酷无情已经深深地伤害了我，所以现在我只想一个人躲到角落去舔自己的伤口。情绪抽离的各种形式、效果都是一致的：一言不发地让自己远离造成痛苦的人。

被动攻击就比较像是零星的战火，你假装不太介意对方的行为，但你的言语间却充斥着隐隐约约的批评、讽刺、批判、嘲弄或抱怨。另一种表达方式是装作极度受伤，几乎要哭出来，但并不直接指控对方故意伤害你。装作无辜的受害者，能让对方觉得自己像个坏人，而由于你并没有指控他们做错事，你也同时剥夺了他们自卫的权利。让我们来看看以下这对夫妻，贾马尔和梅薇斯的情形。结婚三年以来，这是贾马尔第二次忘记梅薇斯的生日。当他回到家时，梅薇斯正用纸巾擦着红红的眼睛，并吸着鼻子。

贾马尔：发生什么事了，亲爱的？

梅薇斯：（吸着鼻子）没什么，我很好。

贾马尔：工作不顺利吗？还是因为我今天比较晚回来？我跟你说过今天会开会到比较晚的，记得吗？

梅薇斯：不是这些原因啦。（吸鼻子）我没事，真的。

贾马尔：告诉我到底什么事嘛，拜托……

梅薇斯：没什么啦，贾马尔。真的，这一点都不重要。

贾马尔：好吧，既然你这么说……

梅薇斯：只不过今天是我生日，本来以为我们可以一起出去吃晚餐的。

贾马尔：你的生日！噢，不会吧，我又忘了！

梅薇斯：没错，去年你也忘记，这是第二次了。但是我了解你工作很忙，又有很多事要烦，真的，我了解。

贾马尔：真是对不起，宝贝。这样好了，我们星期六再补庆祝怎么样？

梅薇斯：不行，我答应了玛莉星期六帮她搬家的。

贾马尔：那星期五呢？

梅薇斯：不行，我不想破坏了你和朋友的扑克之夜。算了吧，我会没事的。（当贾马尔起身去放外套时，梅薇斯又补了一句）只要给我几天的时间就好了。

贾马尔：（又坐了下来）亲爱的，让我补偿你嘛！拜托！

梅薇斯：没什么要补偿的呀，贾马尔。你有个很重要的会议，我能了解的。只不过是我的生日嘛，没什么了不起。

贾马尔：（垂头丧气）我觉得糟透了。

梅薇斯微微偷笑了一下。

看完这个例子以后，你可能会自问，这有什么大不了的吗？贾马尔这个浑蛋忘记了梅薇斯的生日，而她只不过是用最和气的方式让他知道而已。这也正是"被动攻击"的关键。在表面上看来，这似乎是无害的。但若你仔细观察梅薇斯的意图，你就会看出，她受到了伤害，而为了保护自己免于痛苦，她选择暗中攻击伴侣，让他觉得歉疚。

这样一来，她的痛苦就变成了他的责任，她自己就不必去面对了。虽然和我们在电视或电影上看到的经典的权力斗争场面不太一样，但这仍然是一种企图逃离痛苦，让对方觉得有罪恶感并进而操控其行为的方式。愤怒背后的主要意图也就是如此：让别人有罪恶感，让他们为你内心的痛苦负责。于是，让你快乐就成了他们的责任。从长远的眼光来看，你用何种方式表达愤怒，或别人用何种方式对你表达愤怒，根本就不重要。如果你感到愤怒，怒气其实是在保护你不去感受痛苦。如果我们能对自己诚实，并选择面对痛苦，我们就会了解这是治好旧痛的机会。而如果我们选择攻击伴侣或抽离自己的情绪，那么我们也许不必去感受痛苦，但同时我们也失去了疗伤的机会，自然也就无法改正这些痛苦所造成的自我局限的信念。

最后，愤怒被广泛运用还有一个很重要的原因。当旧痛以争执的形式浮现时，愤怒提供给我们一个美妙的机会去感觉自己是"对的"。

站在对的一方

"你情愿自己是'对的',还是'快乐的'?"

——《奇迹课程》

据我所知,如果无力掌控大局,又不想感觉能力不足或没安全感,最快的解决方法就是证明自己是对的。你只要批评、责怪、批判或证明别人是错的,然后再理直气壮地火上浇油一下,很快,你就会全身充满肾上腺素,觉得自己像是刚完成变身从电话亭出来的超人。还记得有一次,我犯了一个大错而被朋友无情地数落。他愈骂我,我感觉愈糟,没多久我就觉得自己浑身上下充满了罪恶感和羞耻感。罪恶和羞耻,可以说是最不被社会大众所接受的感觉,所以可想而知,我身处的情况真是糟透了。忽然,我朋友说溜了嘴,而我生存的本能自然不会放过这个从痛苦中解脱的大好机会。他以这个句子开头:"就好像太阳升起一样。"并准备大肆批评我的无能、愚蠢和自私。但我生气地打断了他。"太阳并不会升起,蠢蛋！"我不屑地说，"是地球绕着它运转！如果你想要听起来像个聪明人，至少说话要合逻辑吧。你现在说的全都是瞎掰！"接下来的几分钟，我都朝这个方向讲，高兴地享受着自己是"对的"的感觉，并用充满智慧的谈话来压过我的朋友。很快，我们就不再谈论我的错误，反过来是他在为自己的人格缺陷辩护了——大部分的所谓缺陷，其实是我当时捏造出来的。

如果你想逃避痛苦，只要证明自己在某件事上是对的，随便什么事都可以，只要让别人看起来像是错的一方就行了。如果我能证明伴侣是错的，那么我就是对的。觉得自己站在对的一方，就能抵消痛苦的感觉，而怒气则能让我骄傲、神气，压过其他不愉快的感觉。不用担心古老的格言说的："如果神要毁灭你，会先让你骄傲。"如果神要毁灭你的话，你只要对他们发怒，让他们变成错的一方就行了。如果你理直气壮，就连神也不敢越雷池一步。

经验告诉我，如果你不火上浇油的话，怒火通常只能持续几分钟。所以，你必须不断挑出伴侣的错处，并且理直气壮地将自己的行为理性化，使你对伴侣的攻击显得十分正当。当然啦，如果付出这一点小小的代价，就可不必面对多年来的罪恶感、羞耻感和痛苦的话，这实在是太值得了。如果你愿意，理直气壮的怒气可以让你死到临头都保持无知的态度。

不过，如果你希望拥有健康、美好的亲密关系，你也许会考虑对自己的愤怒负责，充分地感受它，但不把怒气加在别人身上，这样你才能发现生气是为了逃避什么。如果你愿意面对自己所逃避的感觉——不论这令你多么不自在——你就能发掘埋藏在更深处的、平静而充满爱的感觉。我的亲身经历告诉我，不管多大的痛苦，只要集中全部精神来面对它，我就能有效地减轻痛苦，并让它转变成正面的感觉。要做到这样，必须有决心，我把这样的决心叫作"爱意"。

爱意

"爱会找到出路。"

——格言

现代的心理治疗都有这样的前提：在特定时间、特定状况下，人类总是尽力做到最好。表面上看来，这似乎不太可能，但我所接触过的客户，在遇到困难时，内心总是渴望解决问题、带来和平的。这种心灵的呼唤——往往是不自觉的欲望——就是我所谓的"爱意"。爱意的产生，是由于灵魂在驱策我们去学习如何真心地爱自己和对方。如果我们能明白，爱意在所有情况下都存在，那么我们就有机会了解，痛苦其实是一种转机，能让我们成长并摆脱目前所受的限制。如果不能了解这个事实，那么每次痛苦一浮现，我们就会陷入困惑、挣扎，努力地想争取控制权——战斗或逃跑。当旧痛浮现并伪装成两人意见上的不一致时，我们潜意识的行为模式和信念，可能会让我们对伴侣口出恶言，然后生气地离开现场。相反，爱意则能让我们克制冲动，用负责任的态度来处理我们心中的不快，不致说出责怪或指责的话，而用理解、体谅的话来取代。这样我们便成长了。

吵架吵得很激烈的时候，我们实在很难记得不快其实是来自过去的经历。但时时提醒自己我们生气的原因不是自己想的那回事是很重要的，否则我们便会经常把伴侣当作敌人来看待。而我们都知道，和敌人共枕是不可能安眠的！那么，为什么只有在特定的时间，和特定的人互动，这些过去的问题才会浮现呢？如果这些问题和我们现在的亲密关系没有关联，又为什么现在才来干扰我们的生活呢？

有一个很贴切的比喻，可以回答这个问题：就像身体在遇伤病的时候会尽力自疗一样，心灵也是如此。现在的亲密关系是治疗旧有的情绪伤痛的最佳环境。有很多笑话都是以亲密关系的严酷考验为主题的。（问："为什么单身的人比结了婚的人活得久？"答："因为他们有生存的意愿。"）但如果我们以开阔的心胸来看待亲密关系，就会发现亲密关系其实是真正的疗伤之路，而不是自虐之路。

那么，为什么我们过去的旧痛经过了这么多年仍然萦绕不去呢？时间不是能治愈一切吗？为什么伤痛没有随时间而淡去呢？我相信会的，只不过首先我们要了解痛苦的真正目的，并用适当的方式来回应。在我的经验中，痛苦和意识成长以及自觉仅一步之遥。如果我还没准备好跨出那一步，去面对痛苦并从中学习，那么我就会选择抗拒痛苦，并将其深埋在潜意识里。但如果不跨出那一步，痛苦将会永远存在，不会消失。借着权力斗争，我企图让我的痛苦成为对方的责任，因为我觉得潜意识中的痛苦超出我所能承受的范围。小时候，我觉得痛苦对我的身心健康有很大的影响，甚至可能让我死掉，而直到今天，我都还保持着这种印象。

人必须经过痛苦，才能成长。可想而知，小时候我们处理痛苦的方式，通常是直觉地反应，所以，我们并没有在自我觉知方面有所成长。如果我们不把痛苦和受苦混为一谈，成长可能就会容易些。有时候，我会发现只要把全副心思放在比痛苦更高层级的伟大事物上，我就有能力超脱身体和心灵的痛苦，同时也让自己充分感受痛苦的存在。选择爱、真理或灵魂之光，并决意去追寻它们，就能让生命的恩典帮助我提升并且超脱痛苦，达到一个平静而且超然的境地。但如果不做这样的选择，我就只好继续与痛苦长期抗战，直到感觉麻痹为止。因此，每当痛苦浮现，我会认为我唯一的选择就是挣脱并且受苦，要不然就是控制伴侣的行为，让我不再痛苦。现在的亲密关系给了我机会去察觉过去和现在的痛苦，面对它们并做出更高层级的选择，让我能够成长并了解真正的自己。这个机会，我相信就是"爱意"，而爱意是存在于所有权力斗争之中的。

你们之间最短的距离

"必须经过漫长的旅程，两颗心才能合而为一。"

——彼得·保罗和玛莉合唱团

到目前为止，我们已讨论过造成冲突的痛苦，如何借着权力斗争来控制、压抑痛苦，痛苦的目的和亲密关系中幻灭阶段背后隐含的爱意。接下来，我想分享一些在感情互动上的见解，相信会对大家有很大的帮助。然后，我还希望提供一些简单明了的解决冲突的方法，让我们能勇于面对痛苦，使亲密关系更上一层楼。

解决冲突时的另一项挑战是，争执的双方往往会采取相反的立场。和妻子搬进新家的第一个月，我很惊讶地发现，我们无法在任何一件事上有相同的意见！我们对许多问题的意见都南辕北辙，沙发角度事件只不过是其中之一。幸好我本身是专门教人处理亲密关系的，所以我知道在各种人际关系中，双方在大多数的问题上，意见总会多少有些不同，有时只是小小的不一致，有时却是完全相反。但即使知道这个事实，一旦开始了权力斗争，两人各执己见的固执程度，仍然让我印象深刻。我们必须不断提醒自己，我们看事情的角度，只不过是千百种角度的其中一种，而且没有哪个角度是完全正确的。争执中的双方各自的观点，跟问题的中心都是有段距离的。

想象你和伴侣坐在一张长桌的两头，在桌子的正中间，摆着一顶帽子。从你的角度看去，帽子是红色的。从你的伴侣的角度看去，帽子则是蓝色的。你看不到蓝色的部分，对方也看不到红色的部分。如果要你们描述自己看到的东西，那么你的说法就会和你的伴侣不一样。如果权力斗争中的双方都固执己见，而相信对方是错的的话，问题就出现了。（"你是色盲吗？就连白痴都看得出来这顶帽子是红色的。""没错，只有白痴才会觉得这顶帽子是红色的！正常人就知道它是蓝色的！"）

事实上，你们双方都是从自己的角度去看事情，并坚持自己是对的。但如果你能够放下自己的立场，从对方的角度来看一看，那么你就可以把两人的意见综合起来而得到真相——这是一顶红蓝各半的帽子！

权力斗争中各执立场的问题，如果再加上以下事实："我们从来不是因为自己所想的原因而不快乐。"那么事情就更复杂了，因为这样一来，我们争论的主题，永远不是自己真正重视的问题。但是要让一对吵得面红耳赤的夫妻了解这个事实，简直是不可能的任务。如果他们不是在痛苦中挣扎，他们就会觉得平静且快乐，也会彼此尊重并相爱。但一旦痛苦浮现，潜意识中的警报就响了，警告他们如果不和对方保持距离，就要受痛苦的折磨。于是他们就在一个无关紧要的问题上持相反意见，借着吵架来逃避真正的问题。这种把对方推得远远的表现，往往会让亲密关系中原有的两极化现象更趋严重。

如果没有争执的话，其实亲密关系中的两极可以和平共处，相辅相成。就像电池少不了正极和负极或一枚硬币一定得有正反面一样，亲密关系中也必定要有一方是正方，一方是反方。

以下这张图表（图一）列出了正反方各自的特征。

正方	反方
乐观主义者	悲观主义者
倾向于解决问题	倾向于发现问题
否认情绪存在	放纵自己的情绪
制造者	指挥者
喜欢赞美	喜欢批评
好的总统人选	好的副总统人选
博爱	有差别的爱
见解广泛	见解犀利
忽视错误	专门挑错误
向外扩展	向内收缩
注重大局	注意小节

▼

图一

反方给人的印象总是很糟糕，这实在太惨了，因为他们在这个世界上其实有很大的价值。正方是盖工厂的人，但反方才会让我们注意到污染、不良工作环境以及工作场所的安全问题。正方也许改善了已发达国家的生活质量，但要求大家为解决其他地方的低生活水平而尽一份力的人，却是反方。没有了反方，人类就失去了进步的动力。而另一方面，如果没有了正方，我们将会发现自己无法解决问题，而身陷愁云惨雾。毕竟正方才是能发现可能性并去实现的人。

在亲密关系中，反方会先察觉到问题的征兆，有时候在问题发生的几天之前就能感觉到。身为对情绪较敏感的人，反方能感觉到旧痛即将浮现，但不一定能了解它的真面目。当我是反方的时候，我不会说："亲爱的，我觉得小时候的创伤要浮现了，我们要准备好好疗伤。"我较可能会这样说："到底是谁老是忘了把该死的灯关掉？难道你们以为我们家有自己的发电机吗？"那是因为反方或许能略微感受到危机已经逼近，但不一定愿意面对，因为他们也和正方一样害怕痛苦。反方虽然能感受到多样的情绪，却不见得会感受到最重要的感觉。

在上例中，我妻子是正方。那么，她是否能立刻察觉，我的抱怨其实是旧痛浮现的征兆？她是不是这样想："噢，我亲爱的丈夫在抱怨灯没有关，他一定是感觉到旧痛快要浮现了吧？"恐怕不是这样。她可能会跑来跑去，把所有的灯关掉，也许会更干脆地把总开关关掉，然后点几根便宜的蜡烛来让站在反方的老公开心。这是因为正方希望不计代价地避免不愉快的场面，即使心里明知无法逃避。他们响应反方伴侣不快的方式，就是把造成不快的刺激移除，希望这样就能让问题奇迹般地消失。如果正反方一起身处战场中央，而反方告诉正方他害怕炸弹，正方会这样回答："炸弹？什么炸弹？亲爱的，只要假装它们不存在，它们就会自己走开了。"自从发现了亲密关系中有这样的两极区分后，我便相信"反方"即使身在天堂，也会把所有的时间花在寻找灰尘上；而"正方"即使身在地狱，还会给自己做一把摇椅，好享受地狱之火的温暖。

一般来说，只要正反方能尊重彼此的看法，并接受彼此的意见，那么亲密关系中的两极其实可以合作无间。反方会发现问题，并把它提出来讨论，正方则会在聆听之后，想出解决的方法。然后，反方会挑出这个解决方案中的问题，正方则在修正后提出可行性更高的方案。两人会不断重复这些步骤，直到找出最佳的解决方案为止。在这过程中，你会发现反方变得愈来愈乐观，而正方也变得愈来愈实际。这样，亲密关系便取得了和谐的平衡。

然而，当旧伤浮现，而争吵的诱惑性愈来愈大时，两极之间的差异性会扩大，想要逃避痛苦的欲望会使得两人离对方愈来愈远。这种过程可能早在实际争吵前几周就会开始。在和妻子共度格外美好的数周之后，我会发现我们缓缓地、不着痕迹地远离对方，而两人都不知道美好的感觉是何时开始消退的。我们并没有生气或争吵，但如果我们仔细检查，就会发现我们把对方推得远远的。正方推开伴侣的方式是否认自己的感觉，所以他们在外表上看起来仍然很愉快、很乐观，演技之好，甚至可以骗过他们自己。他们也许会表现得超然、冷漠，或充满了爱与关怀，但是他们并不是真的感觉到内心的爱和关怀，因为他们根本什么感觉都没有。反方推开伴侣的方式，则是专注在他们认为对亲密关系造成影响的问题上，并整天沉溺于这个问题所带来的情绪中——通常是愤怒、气恼或沮丧的情绪。通常反方所专注的问题，和伴侣的人格或行为并没有直接的关系。反方可能会提出家计问题、家里有什么东西需要修理、邻居的狗太吵，甚至是社会腐败之类的问题。简而言之，正方逃避痛苦的方式，就是否认问题的存在；而反方逃避的方式，则是专注在恼人的事情上，并将其夸大，借此分散自己的注意力。

我们心中旧有的痛浮现，要求我们正视它，是迟早的事。最后，推开对方的行为必然会愈演愈烈，而酝酿多时的权力斗争，便激烈地展开了。事情的导火线，通常是某件事超过了反方的忍受范围。人类有一个倾向，就是对事情的反应往往过于急躁，所以人们很难了解其实所有的状况都是没有好坏之分的。妻子忘了去拿你的干洗衣物，不是好事，也不是坏事，不是做对，也不是做错。你的男友花太多时间在朋友身上，并不代表什么。状况本身并没有好坏，好坏是由你来决定的。状况是不是等于问题，要看你怎么去诠释它。你会有负面的看法，是因为过去的创痛影响了你。我提出了一个模式，如图二所示，来描述亲密关系的发展过程，当然前提是，这必须是一段健康、非病态的亲密关系。

快乐

假装快乐

否认、小心地诉说，或根本不提任何负面的议题

大战爆发

两极化、权力斗争、明争暗斗、死气沉沉

解决问题

沟通、分享彼此的感觉、认同对方

快乐

图二

　　整个的过程，就是从一开始的快乐，到否认问题存在，到大战爆发，解决问题之后，又回到快乐的状态，如此循环。但这个过程的关键是"进化"，也就是说，权力斗争激烈的大战阶段，其实能让我们的亲密关系向前推进，达到更高层次的快乐和亲密。让我们再回头看看约翰和玛莉的例子。仔细观察坚持自我立场——尤其在起冲突时——会对亲密关系造成多大的伤害，同时也让双方看不见增进感情的机会。下例中的反方是玛莉，她发现了一个状况，且把它视为问题。

玛莉：你看到电费单了吗？这次的电费比上次多了两千块！

约翰：亲爱的，冬天到了啊。我们用电灯的时间变长了。

玛莉：可是，两千块呀！而且我们的暖气费是上个月的两倍！再这样下去，我们就没有钱去度假了。

约翰：我们当然会去度假的。只要我多加点班，就没问题了。

玛莉：那我们在一起的时间就更少了。你现在已经加很多班了，我们几乎很难见到面。

约翰：宝贝，我们每天都见得到面啊——老天，我们住在一起啊。

玛莉：是啊，可是我们都很久没有一起出去，或一起做点什么事了。

约翰：我们上周末才去过珍金家吃晚餐啊。

玛莉：我是说就我们两个人独处。我们都只是待在家看录像带，不然就是去朋友家里吃晚餐，感觉好像结婚很久的老夫老妻一样。

约翰：我们这个星期五晚上可以出去啊，就我和你，我们去亚曼尼餐厅吃顿高级晚餐。

玛莉：约翰，你实在太不切实际了！去亚曼尼我们负担不起的。

约翰：宝贝，我真的觉得你把这张电费单看得太严重了。

玛莉：电费单不是重点，问题是我们！你现在整天都不在家，我们两个好像陌生人一样。

约翰：天啊！这样吧，我们该买牛奶了，我现在就散步去超市买，你要我带点什么回来吗？

玛莉：要！（尖声叫着）一个新老公！

约翰大声叹了口气，耸耸肩，出门去了。

这两个人争吵的内容，离重点实在太远了。表面上看起来，任何一个旁观者都会觉得约翰是个好人，却跟一个喜欢唠叨、无法取悦的女人住在一起。在绝大多数的文化中，反方发现问题的能力很少受到承认，他们往往被当作"制造问题"的人；正方则被看作快乐、善良、可敬的那一类型。那么，约翰为什么要在这个时候出门呢？难道他没有牛奶就活不下去吗？当然不是这样，他想要逃跑是因为他有不好的感觉。没有人能像反方的伴侣那样，让正方完全掉进负面、悲观的旋涡里。这个情形一旦发生，就可能演变成权力斗争，不论是以激烈争吵或冷战的形式。如果约翰的忍耐力不是那么好，他很可能会留下来跟玛莉大吵一架，还可以理直气壮地说是她起的头。不过现在的约翰落荒而逃，尽可能让自己远离痛苦的威胁。如果他也感觉到问题的存在的话，对他来说，唯一的问题就是玛莉，她在等着他买牛奶回来，好继续跟他吵架。

有多少人能看出，其实约翰和玛莉一样痛苦，为了电费单，他的烦恼不亚于玛莉？又有谁能看出真正的问题，是约翰和玛莉都感受到旧痛的浮现——不受重视的痛苦，或比那还惨的经验？但如果他们坚持专注在表面的问题上，那么约翰会不断逃离玛莉，而玛莉会带着愈来愈多的抱怨追在他后面。约翰和玛莉所采用的，正是人类应付痛苦的典型策略：放纵或否认。一方会放纵自己的焦虑、愤怒、不满的情绪，而另一方则会压抑这些情绪，选择逃跑，否认问题的严重性。

一旦痛苦浮现，反方会立刻集中火力找出最大的痛源，提出"问题"，并告诉正方。

正方的响应，往往是否认问题的存在（除了反方脑袋的问题以外）。

反方会坚持有很大的、也许无法解决的问题存在，而且已经影响到这段亲密关系的未来。

正方会试图找出解决之道。

反方会找出这些方案不可行的地方。

正方会试着逗伴侣开心。

反方不接受，而且会觉得正方这种故示恩惠的举动很让人讨厌——现在想想，这种态度已经困扰反方很久了！

正方会去散个步，准备等反方心情好一点再回来。

反方会坐下来等，但怒气未平，等伴侣回来还准备继续吵下去。在这过程中，不满的强度愈来愈高，直到正方再也压抑不住怒气时，大战就爆发了。

正方很少会承认问题存在。他们选择不去面对负面的情绪。约翰的心里是这么想的，他们并没有财务问题、电费问题或亲密关系的问题，他们的问题是玛莉。约翰会理直气壮地坚持自己的立场，因为他觉得自己是对的。他会认为玛莉是"问题制造者"，而不是发现问题的人，并且会以冷静的推理来回应她的情绪化，这等于是火上浇油。从玛莉的观点来看，她则觉得约翰不体贴、不关心人，而且盲目、看不到重点。

在此隐藏了一个重要的信息：在一段亲密关系中，别人怎么待你，取决于你采取的立场。在权力斗争中，只要你采取了一个立场，你就会自然地让对方采取相反的立场，这也决定了对方会怎么响应你的行动。

所以，如果你不喜欢现在亲密关系的状态，你只要放下立场，去寻求和谐就可以了。在一般情形下，你的伴侣也会跟着改变。如果你觉得对方没有改变，往往是因为你并没有放下自己的立场。有时候，虽然伴侣的行为没有改变，你却不再介意了。还有些时候，伴侣不肯改变，而选择离开。如果是这样，那么两人都可以重新寻觅更适合自己的亲密关系。只要你肯放下立场，不管结果是怎样，对你永远是只有好处没有坏处的，因为坚持立场所得到的，只有理直气壮和骄傲所带来的不真实的安全感。放了手，就能得到自由，让自己在智慧和成熟中成长。

能谈谈吗？

"我不想谈你是怎么伤我的心的……"

——丹尼·威登的歌曲《我不想谈》

假设约翰和玛莉现在还不能想象解决他们问题的方法，也就是他们的经济状况得到改善，而且问题背后的痛也痊愈了。

所有的权力斗争，一开始都巧妙地伪装成亲密关系所遇到的一个状况。图三这张表，也许能帮助你明白，这个状况虽然看似平静的池塘，但其实下面躲藏着大海怪。

如果玛莉和约翰能为自己的旧痛负责，而不怪罪对方，将痛苦表达出来，使其浮上台面，借由这样的方式，他们其实可以选择爱他们自己。只要两人察觉到了痛苦的存在，就可以选择平静地去体验它，用爱来支持彼此，一起度过。要做到这样，最简单的方式就是沟通。

状况（不好不坏）

收到电费单

问题（触发机关）

玛莉：我们负担不起，没有足够的钱

约翰：玛莉很不开心，我不知道怎么办

真正的问题（旧痛复发）

玛莉，悲伤地：都是我的错，我实在太没用了

约翰，悲伤地：都是我的错，我实在太没用了

创伤（痛苦的原因）

玛莉 / 约翰：从我有记忆以来，一直觉得自己没有价值

选择

玛莉 / 约翰：我不爱自己了

图三

　　但是如果约翰和玛莉都坚信对方对问题的看法是错的，那他们就只会专注于证明自己是对的，而让冲突升级甚至爆发大战。这一定会阻碍他们接近自己的灵魂。最后，约翰和玛莉会被怒气所控制，指控对方造成问题，因而争吵不休。他们可能会气得七窍生

烟，或者大吵好几天。他们的亲密关系甚至会产生破裂，导致分手。也可能问题会自动烟消云散，而当约翰散步回来的时候，两人已经恢复到"正常"的状态了。无论如何，有一件事是确定的——造成问题的伤痛并没有痊愈。痛苦仍潜伏在他们心中，一有机会就又会出来作怪。

真正有效的解决方案应该是，两人都让心中的痛浮上台面，然后用健康的方式来处理它。但是，既然我们从来没有学过处理方法，不知道该怎么做，相比之下，逃避问题似乎容易得多。然而，在所有人际关系中，放下自己的立场去寻求和谐，还是有可能的。当然，方法再多，若没有寻求真正解决之道的意向，还是没有用的。如同之前所说，意向是成功的关键。只要你明白了自己的意向，就能借由有效的沟通，轻易找到解决之道。现在想象我们把约翰和玛莉的对话倒带，然后换新的方法来进行。

玛莉： 你看到电费单了吗？这次的电费比上次多了两千块！

约翰： 亲爱的，冬天到了啊。我们用电灯的时间变长了。

玛莉： 可是，两千块呀？这样下去我们就没有钱去度假了。

约翰： 我们当然会去度假。只要我多加点班，就没问题了。怎么了，玛莉？你还好吗？（约翰开始倾听。）

玛莉： 不好，我觉得很生气。这张电费单真的让我很烦恼，我觉得这样我们的生活永远没办法改善。（玛莉开始注意到被自己的怒气所掩盖的不自在的情绪。）

约翰： 我了解，亲爱的。电费单也让我很烦恼，但是我不希望我们的周末就这样毁了。我希望我们能出去玩玩！该死，这是我们应得的。（约翰现在已经确定了让两人都快乐的意向——他选择站到玛莉那边。）这样吧，也许我星期一可以要求加薪。

玛莉：不，真正困扰我的并不是电费单，也不是你加班太多。这个问题我已经遇过很多次了，我从出生到现在，一直觉得自己像个失败者。（玛莉选择不责怪约翰，因此察觉了自己的心路历程。）

约翰：听起来你好像觉得自己没什么价值。我希望你明白，你在我心中有很重要的地位。你是我生命中最珍贵的东西。（约翰更仔细地倾听，并且试图找出重要的感觉。他努力地想分担玛莉的痛苦，并且用重视的态度来抚慰她。）

玛莉：谢谢你，我真希望自己也能有这种感觉。从小时候起，我就一直觉得自己没有价值。（现在她已经不说"我觉得自己像是……"了，而是用直接的"我觉得自己没有价值"。）不管我再怎么努力，还是会觉得自己只是父母的负担——尤其是我父亲。我已经在他面前尽力做个好女儿了，可是每次他不得不买新衣服或别的东西给我的时候，他总会唠叨说我花他太多钱。我觉得很……很……（玛莉继续与约翰分享她的感觉，也愈来愈清楚地察觉到痛苦的根源。）

约翰：没人爱吗？

玛莉：没错！

约翰：我了解你的感受。我母亲也让我有同样的感觉。她总是抱怨我们没有钱。她几乎没对我笑过，也不在乎我，就好像我在她眼里一点价值都没有。我经常有这样的感觉——觉得自己完全没有价值。（约翰了解到玛莉和他同病相怜，并让自己尽量感受深层的情绪。）

玛莉：我也是。没有价值。不过，你真是天才，约翰！

约翰：是吗？那我为什么还得为了区区一张电费单，要多加好多班呢？我节衣缩食，才能让我们去度一个不怎么样的两星期的假，回来之后又得拼了老命工作一整年。我觉得好……好……没意义啊。

玛莉：没意义正是我的名字。我真的觉得我生来就没有用，做不了什么，一点意义都没有。我常常想跟你分手，因为我觉得自己配不上你。（两个人都继续分享更深一层的感觉，渐渐找到了和谐。）

约翰：你从来没告诉过我呀！亲爱的，你对我来说就是最好的了。自从我遇见你之后，我就开始觉得也许我还是有点价值的。

这样的对话，显然比之前那段好得多了吧。只要其中一个人愿意放下立场，就可以有这么大的改变。在这个例子中，约翰决定不再当超人，并且开始关心伴侣的感觉。因为他是真心诚意的，没有耍什么把戏，所以玛莉也不再放纵自己的负面情绪，而表达出了真正困扰她的那些不自在的感觉。除非反方这么做，否则纵然他们能感受到许多事，却永远不会感受到真正重要的感觉。当然不一定要约翰先放下立场，如果玛莉先改变，也可以有良好的沟通。如果玛莉一开始就为自己的感觉负责，而不去要求约翰做些什么的话，她就可以挖掘出痛苦的根源，并且表达她的重要的感觉。然后约翰就能了解，其实他们是在同一条船上，并且"站到她那边"和她一起

Chapter 3
第三章 　**093**
幻灭

探索痛苦的原因。这样，两人的关系一定会更亲密，而且约翰也不用借口去买牛奶而逃出家门了，他会有很多理由待在家里的。

聪明的读者可能已经发现了，约翰和玛莉已经不再怪罪彼此，他们把过错都推到了父母的头上。事实上，我们小时候所受的创伤大都跟父母有关，但玛莉承认她的没用、没价值、没意义的感觉是从她生下来就有的。毕竟，这些感觉是所有人类共有的，跟我们怎么长大无关。即使他们仍然在怪罪别人，但重点是，至少他们之间的沟通已经迈出对自己负责的第一步。自然他们也可以更进一步，不再怪罪父母，在"内省"一章中，我们将继续讨论这个问题。现在，我想要提供给读者一项沟通的基本法则，对结束折磨人的权力斗争会有很大的帮助。

在我自己的婚姻中，我曾表明过立场（也就是，企图证明自己是对的），也试过沟通的方法。我是个自尊心很强的男人，所以非常习惯于证明自己永远是对的。但是，这么做却让我得不到片刻的平静——即使我事实上真的是对的！只有放下自己的立场，接近对方，诚心希望好好沟通，我才能得到快乐。

我发现，有八个重要的问题能引导我们做出真正有效的沟通。我用问题的形式来表达，因为问题能让我们搜索自己的灵魂，去找答案，而指示方向却往往会让人公式化。经验让我明白，真正的亲密关系是没有公式可循的。不管是亲密关系的快乐，或生活上其他的快乐，都依赖我们每时每刻的应对方式来决定。

我们来看看有效沟通的八个纲要问题：

1. 我想要什么？

2. 有没有什么误会要先澄清的？

3. 我所表达的情绪，有哪些是绝对真实的？

4. 我或我伴侣的情绪，是不是似曾相识？

5. 这种情绪是怎么来的？

6. 我该怎么回应这种情绪？

7. 情绪背后有哪些感觉？

8. 我能不能用爱来回应这种感觉？

当我诚实回答这些问题的时候，我的亲密关系问题就迎刃而解了。另外，我还发现，与亲密关系无关的问题，也能借由跟伴侣沟通的方式而得到解决。

这八个问题不但指出了我亲身体验出的原则，也包含了许多大师的想法，如卡尔·荣格、恰克·史匹桑诺、盖·亨德利克斯与凯瑟琳·亨德利克斯，以及《奇迹课程》一书。以下就让我们来逐一探讨这八个问题。

1. 我想要什么？

这应该是进行沟通时最重要的问题。对我而言，最大的挑战就是要一直专注在沟通的主要目的上。只要其中任何一方能集中心力来结束权力斗争，就能很快找到恢复和谐的方法。所以，只要在心中确定目标，要达到和谐、双赢的结果，并且尽全力去达成这个目标，我就一定能成功。其实，每个冲突都有完美、双赢的解决方式，但是一开始可能不容易发现。事实上，除了双赢的方式之外，其他的解决方式都不能算是真正的解决。所以，我会自问：我想要什么？我希望自己是对的，还是希望自己快乐？我要冲突还是和谐？自卫还是互信？孤立还是亲密？我想要单赢还是双赢？我想要妥协，还是完善的解决之道？

这是对自己负责的基本原则之一：你想要什么，就会得到什么。如果你想要赢，就一定会在冲突时争个胜负，但是胜负之争只会让胜者有罪恶感，且让败者愤恨不满，心存报复。想一想，在争论中赢过了伴侣，你的心情会很好吗？你以为这样就结束了吗？对方也许在等着机会报复呢。反过来，双赢的策略却能让两个人的亲密关系更美好、更快乐，因为你们知道彼此都在为对方着想。

有别于社会上某些坚定不移的观点，我认为在人与人的冲突当中，没有所谓的坏人。不管是情侣、朋友，还是合伙人之间的冲突，其实双方都为了快乐与归属感而在尽力做到最好。在我做过的许多心理咨询中，我常听到一方对另一方有非常不好的观感。他们曾经深爱的人，现在成了全世界最卑鄙的浑蛋。经验告诉我，对伴侣有很糟的评价，都是由于自己的痛苦所造成的。发生摩擦时，如果能提醒自己，对方和我一样无辜，会有很大的帮助。我发现想要做到这一点，有一个好方法：只要想一想太阳不偏心地同时照在我们两个身上，我就能提醒自己，我的灵魂对两人的爱也是一样的。当我想把别人看作错的一方或坏人时，我会尽量记得自问："我的灵魂会怎么看待这个人？"我的心和灵魂都知道没有真正的坏人。

想要确实达到自己确定的双赢目标，我们不能满足于看似和平的妥协。和妻子妥协时，唯一能让我感到满足的是，知道她失去的和我一样多。妥协看起来好像是最佳的解决之道，但事实上，两人都觉得自己是输的一方，因为我们心里都很清楚，双方接受的结果，远比不上真正可能的最佳方案。只要相信自己心灵的力量，我们就会发现，原本看似无解的难题，也能得到不可思议的，甚至是奇迹般的结果。

想要看到这样的奇迹，我必须时时提醒自己，没有人要求我来解决问题。事实上，每个问题的本身，都包含着自行解决的机制。只要问题所唤醒的感觉得到了妥善的处理，问题就会神奇地转化为一份礼物、人生经验，或一个让生命更丰富的机会。我的两个朋友就是很好的例子。那时他们正面对很严重的家计问题，女方怀孕了，男方又丢了工作，压力使得他们经常吵架。她觉得他很无能（一点都不像个男人，连自己的家庭都不能照顾），而他觉得她没经过他同意就怀孕，一定是故意的，这样她就可以逃避责任（每天躲在家里看电视，什么都不做），而他却要辛苦地做很烂的工作。但是在互相指控的表面下，其实她觉得家里穷是她的错，而他的想法也是一样。他们都很自责，都认为自己应该想办法来解决财务的困境。在适当的时机，他们决定坐下来好好沟通。在这么做的时候，他们发现原来两个人都深信自己是没用的失败者。他们分担了彼此的痛苦，一起落泪，并且为不曾有过快乐的童年而悲伤。那天晚上，他们在互相安慰中度过。几天后他得到了一份很好的工作，能让他一展才能的工作。

就我看来，奇迹并不是他得到新工作，而是我这两位朋友能在最黑暗的时刻找到内心的爱。他们发现，问题并不是钱，而是他们由于曾经受过创伤，对生命失去了信心。

一旦他们不再把解决问题视为自己的责任，他们就能把心力用来处理更重要的事，而问题已经发挥了应有的效用，也就会自然地转变为一份礼物，让他们重新找回对生命的信心。这种转变的关键就在于他们了解到自己真正想要的：希望孩子能有一对快乐、相爱的父母。

2. 有没有什么误会要先澄清的?

也许我的伴侣晚归是因为车子爆胎了；也许她的朋友生病了需要照顾，她又没时间打电话通知我；又或许她晚归是因为她以为我并不关心她回不回家，而我却认为她是跟她更爱的男人出去了。误会一旦澄清，就不需要再胡思乱想。要知道，会指控对方往往是由于太多的假设。一旦所有的事实都公开了，你就能开始处理让事情恶化的真正原因，例如：是什么让我们以为对方不再关心自己?

3. 我所表达的情绪，有哪些是绝对真实的?

表达绝对真实的事实的意思是，我所说出的话，不会让冲突更加恶化。如果我只描述自己的情绪，却不把别人当成该负责的对象，那么我说出的话，就是不争的事实。反过来，如果我对妻子说："你晚回家让我很生气。"这句话就很可能让冲突恶化，所以它不是事实。也许她晚归是有原因的，这个原因可能会让我马上消了气。事实上，我会生气是由于自己所想象出来的她晚归的原因。妻子的晚归也许是导火线，但绝不是造成我愤怒的原因。我本来就有一肚子气，只是在等机会发泄出来而已。她的行为让我有生气的借口，却并不是我生气的原因。

比较接近事实的说法应该是："你没有准时回家，我就生气了。"更好的说法是："你的晚归，让我了解到我心里有多大的怒气。"不然这样说吧："我真的很不爽！这不是你的错——我只是一肚子火！"能对自己的情绪百分之百负责，你说出的话，就会是绝对的事实。如果做不到百分之百的负责，你就还是有可能责怪、批判对方，自以为是，并且自我防卫。

每次亲密关系发生了危机，我们都会自然而然地以为问题是外在的，但我发现所有亲密关系的冲突，其实都代表我自己内心的冲突。卡尔·荣格赋予"投射"这个词一个新的意义：我们所看到的外在世界的每件事，其实都是我们内心世界的反映。在我进行的训练中，有时我会要求参与的人先说出自己的感受，然后再描述跟他同一小组的都是什么样的人。得出的结果都是一样的：内心有恐惧的人，就会觉得跟他同一组的人看起来都很凶恶；心怀愤怒的人，就会觉得同组的人都有很多错处；有一个非常平静快乐的人说，跟她同组的人都是小天使。我曾一再得到验证，"投射"原则确实是真的。我也尽力把亲密关系中的所有冲突都看作我自己内心历程的反映。如果在我的内心深刻地感受到被遗弃和寂寞——这是人类很常有的经验——那么我就会自然地认为身边的人都是冷冰冰的，一点都不关心我。对自己的感觉负全责，就能让我不再误认为快乐和不快乐的源泉都是外在的。能够明白对自己负责的道理，就能更加了解自己每时每刻体验到的事物。

在冲突中，愤怒通常是最先出现的情绪。愤怒往往会盖过其他更重要的感觉，但能明白并尽量感受自己的怒气也是件好事，只要不伤到人就行。除了愤怒以外，恐惧、悲伤或衍生自这三者的其他感觉也是经常出现的情绪。只要能说出"我现在觉得____"，在空白处填上你现在感受到的情绪，你就开始探索自己的内心了。而"我觉得好像……"或"我认为……"或"你让我觉得……"则是逃避自己感觉的说法，而且往往会引发争吵。

4. 我或我的伴侣的情绪，是不是似曾相识？

你应该马上就感觉得到，现在感受的情绪，已经存在你心中很久了。一开始你也许会认为你一辈子从没有这么生气，或这么伤心过，但是责任感会让你明白情绪的由来。你会发现，现在的情绪似曾相识，甚至可以说是拥有悠久的历史。一旦你发现它很熟悉，就不太可能再怪罪另一半"让你有这种感觉"。

当然还是会有人坚持，虽然这种感觉存在已久，但如果不是某某人做了什么事的话，他们就不会再一次感受到这种感觉。我从小就伤心过，是没错。每个人都会有伤心的时候嘛，但是你不必让我更难过啊！重点是，悲哀的感觉是早就有的，你会察觉到它的存在，是因为伤痛需要治疗。所有的事情，事实上都没有好坏之分，但是当你感到悲哀时，你就会用悲伤的心去诠释所遇到的事。认为先有事情的发生，才引起你的情绪，这是一种自欺的想法，事实上，先出现的是你的感觉与情绪。

这个问题也有另一面，也就是你可能并没有察觉到自己的情绪与感觉。这时候，就让对方来代表你们两个人发言。如果你仔细聆听，就能察觉对方现在的感觉。如果无法察觉，就要求对方多说一点，直到你能了解为止。一旦了解了对方的感觉，你就会想起你自己也曾有过这样的感受，也就能明白自己的情绪了。如此一来，你就开始分享对方的感觉了。

5. 这种情绪是怎么来的？

"熟悉"这个词，和"家庭"一词脱不了关系。家庭是你最早开始建构信念的地方。信念是指由想法、图像和感觉所构成的东西。家庭也是你最早开始感受情绪的地方。你心中无意识的部分在体验到某事时会产生反应，这种反应就是情绪。你可以把无意识的部分想象成一片无边无际的大海，充满了能量、符号、原型和感觉。你的心会对这些无意识的感觉产生反应，因而出现负面的情绪，如悲伤、恐惧和愤怒。这些情绪都是你在小时候跟家人互动时产生的。家人中最具重要性的是照顾你的人（通常是妈妈，有时候是爸爸或亲戚），其次是掌大权的人（通常是爸爸，有时候是妈妈或亲戚），最后是兄弟姐妹及其他亲戚。你在跟这些人的互动中，可能会感受到强烈的情绪，有正面的，也有负面的。这在你建立起对自己的信念的过程中，有关键性的影响力。当你必须成长，摆脱这些信念的时候，相关的情绪就会浮现并投射在适当的事件上——通常是以感情危机的形式出现。现在你应该能了解为什么找出情绪的由来很重要了——这样你才有机会把不好的、自我局限的信念转变为喜欢自己的信念。

跟你的伴侣沟通，分享情绪的由来，有双重的好处：一是你可以不再把伴侣看作敌人，而让对方跟你站在同一边。既然你的情绪由来已久，这就能证明，早在你认识对方之前，它就已经存在了，所以对方自然也不是造成你负面情绪的祸首；二来，跟伴侣分享你的情绪由来，能让你更清楚自己情绪的每个小细节。

6. 我该怎么回应这种情绪？

当你这样问自己的时候，你就可以选择不再对负面的情绪做出直觉的反应，而去发掘能让你得到平静、喜悦与爱的处理方式。一般来说，不论何种情绪，在你身上停留的时间都不会超过六分钟，除非你为它建造了一个家，让它在你心中长住下来。如果你否认自己的情绪，为情绪找借口，害怕或放纵自己的情绪，那它们就会在你心中生根了。然而，如果你只单纯地把全副精神集中在你的情绪上，却不做任何评断，那么情绪就会转变成更高形式的能量。一个很好的处理方式是，心里有什么感觉就说出来，尽量不做保留，也不抗拒。除了说出情绪的由来之外，你还必须说出情绪的强度、组成和它所造成的效应，但要小心不要在过程中放纵了情绪。

通常你在这么做的时候，伴侣会从旁支持。但也有可能伴侣不会支持你，因为对方不够信任你，或者对方正忙于应付自己的情绪。完成这个程序且不压抑情绪对你是有益的，我将在本章的最后列出许多响应情绪的方法以供参考。这些方法成功与否，得看你有多大决心。你可以用下面这个问题来测验自己的决心：我该怎么回应这种情绪？如果你的答案不是充满了爱的答案，那么你就选择了恐惧。

7. 情绪背后有哪些感觉？

只要能用有益的方式来响应自己的情绪，你就会发现问题已经解决了，而你和伴侣（这个跟你起冲突的人，也可能不是伴侣，而是其他人）的感情也更亲近了。你所要做的只是去充分地感受怒气、悲伤或承认恐惧，然后你就会觉得舒服多了。你已经往更充满爱、更亲密的感情迈进了一步。

然而，当化解了自己的情绪之后，你往往会发现另一扇门，一扇通往更广大事物的门。我称作"空虚感"的地带，它是我们开始追求完全的"自觉"时才会遇到的感觉。寂寞、无助、绝望、迷失等（这些只是几个简单的例子），都是人类经验的一部分，但是这些感觉似乎是那么深远又无边无际，以至于我们好像十分害怕感受它们。我个人相信，小孩子发脾气就是为了逃离这些空洞的感觉。

我还相信空洞的感觉是造成我们限制性信念的主因。如果我们能坦然面对这些感觉，人生就可以有很大的改变。尽最大能力将感觉表达出来，可以让我们在更了解自己的同时保有自我，不致迷失。为什么这很重要呢？因为我们最大的恐惧，就是怕自己会被这些感觉吞噬，因而发疯或死去。想象自己是一滴即将落入大海的小雨滴，在成为大海的一部分时，你能保有自我吗？当我们感受到空洞的感觉时，我们就像那些小雨滴一样，害怕会发疯或死亡，就是这样。但是如果我们能够面对空洞感而不恐惧呢，如果我们觉得自己没有力量，那么，如果我们能够用负责的态度来面对无力感，会发生什么事呢？也就是说，不要把无力感当作敌人，而把它当作我们的一部分。

8. 我能不能用爱来回应这种感觉?

一旦选择面对自己最深层的感觉，你就可以开始将恐惧转化为爱意。在《奇迹课程》一书中，有一句话是这么说的：不管你要去哪里，爱都会找到你。举个例子来说，如果你能集中心力来面对无力感，并且接受这种感觉，那么你就是选择了爱。（在本章最后，我会附上其他响应自己情绪与感觉的方法。）

在面对压迫性的感觉时，如果能够选择爱，你就选择了比感觉更伟大的东西，而且同时也保有了自我。我发现这种选择的影响力是很可观的，有时甚至有点吓人。我从前一直认为自己最害怕的就是痛苦的感觉。而当我学会平静地面对这种感觉时，我总会发现，痛苦已经转变为一份礼物，让我找回失去或遗忘已久的东西。这是很可贵的人生经验，它让我的目标更清楚，而且能够体验更高层次的快乐和创造力。这样的结果真是太美妙了，现在唯一的问题是，我能不能承受这么美好的事物？说实在话，比起空虚的感觉，我更害怕爱。像我的朋友恰克经常说的："你能承受美好的事物到什么程度？"这个问题的答案，就是我们每时每刻的选择。

当我发现这个选择的力量时，我又明白了另一件美好的事。当我选择用爱来回应痛苦时，我就发现妻子跟我在一起，做出同样的选择。从那时候起，每次我选择对自己的感觉负责时，我妻子都在我身边，跟我分担同样的痛苦，也像我一样努力地用爱、接受、了解和平静的态度来响应它。在发现这样的奇迹之后，我很快就想出了一个快捷方式。

① 察觉冲突背后的情绪，并且深刻地感受它以及更深一层的空虚感。

② 爱我的妻子（不过我必须承认，我并没有每次都使用这个快捷方式）。

当然啦，我注重科学的一面会觉得这实在太过简化了，甚至有点像童话故事一样。不过当我忘记自己有科学的一面时，这个快捷方式的实用效果是非常好的！毕竟，妻子就像我的镜子一样，完美地反映出我内心的感觉。如果我感到痛苦，我就会发现她也感到痛苦。所以爱她就是爱我内心的痛苦，也就是爱我自己！

在我的理论中，用负责的态度去面对自己感觉的意愿，是沟通的关键，也是解决权力斗争的方法。也许你会觉得自己天生不适合做这种事。下一章我将会讨论一些可能的原因，现在我要做的，是让读者明白感觉的重要；如果你是正方，你会避免去感觉，而如果你是反方，你则会认为自己早已经感觉到了。我要说的是，真正感受自己的感觉，并且决心安抚它们，能让你跟伴侣、朋友、亲戚或同事更加亲近。不管你是正方还是反方，如果你觉得跟身边的人无法更亲近，那么，这些原则也许能够帮上你的忙。

关于有效沟通，还有两件事我想要和你分享：

第一，有些用过这些方法的人会说，一开始很有效，但时间长了就行不通了。一位案主跟我说，他们确实遵守了这些纲要，而且得到了很好的效果，但是第二天，事情就又回到了以前的"老样子"。既然这和我自身的经验相符，我便了解到，有时候冲突是一波"两"折的，偶尔也会一波"三"折。所以，你要让自己为第二波冲突做好准备，并且对沟通及感受的方法保持信心。只要听从自己内心真诚的意向，你一定能达到更高的境界。

我想分享的第二件事是我曾试着背下这些纲要：我试过把它们贴在冰箱门上、浴室的镜子上，还放在床边的桌子上。而且我教导有效沟通的技巧也已超过十年，但是每当亲密关系中出现大问题时，我的小字条总是找不到，而我的记忆更是一片空白。因为冲突总是充满了痛苦、愤怒、自尊、恐惧和罪恶感，让人想不诉诸防卫机制都很难。这时候，承认自己是错的，等于给我的伴侣机会（亦即"敌人"）来对我大加挞伐一样。为自己以及伴侣的行为负责，就好像承认自己是该处罚的坏人，同时免除伴侣的所有责任。在面对权力斗争中激烈的争吵、冷战或情绪化时，实在很难保持头脑清醒。就算能记得这些纲要，也会觉得它们太薄弱，无足轻重。我们很可能因此完全忘记内心的真正目标。那么提出这些纲要又有什么用处呢？

以上的原则及纲要的目的是要开启我们的心房，让我们了解，每个冲突其实都可以有完美的解决方案。许多人只知道妥协，却不知道人与人之间的沟通事实上可以有更好的方式。我们从小就常听人说，人际关系就是"给予与获得"，但我的理论则是"给予与接受"。我不想从伴侣身上"获得"什么东西——这样我会觉得自己像个贼一样，我情愿"接受"伴侣自愿给我的东西。

但即使彻底读完了这些原则，你还是会觉得这只是一个理想，不切实际，根本不能应用在人际关系上。我鼓励你实际测试一下这些原则：聆听你的伴侣，就好像是在听你自己的心对你说话一样。

你不妨冒一下感情受伤的险，因为除了自以为是的立场和与人争吵的不快以外，你并没有什么好损失的。只要真的有心，这些纲要就能达到预期的效果，我自己和许多其他人的经验都是如此。我知道这些纲要的真正价值。

我还知道，当受到情绪及恐惧的影响时，我们会心生怀疑，不再确定自己是否能达到和谐解决问题的目标。这也就是为什么我们必须在试图沟通时，不断问自己一个重要的问题——事实上，这可能是世界上最重要的问题——"我想要什么？"当你深入了解人心时，你就会发现世界上发生的所有事，都是人的意愿所造成的。如果我们希望完善解决一个问题，让危机成为转机，并且决心达成这个目标，那么我们最后一定会发现真理——了解自己是谁，问题也自然迎刃而解。我曾经遇到过许多无法解决的问题，但我鼓足了勇气去寻找真理，于是发现了奇迹——看起来无解的问题，都得到完美双赢的解决，让双方都十分满意。

当然也有些时候，我没有足够的勇气，不愿去追寻真理，而情愿筑起心墙来确保自己的安全；或者我想证明自己是对的，而不愿做个快乐的人。如果是这样，那么我就牺牲了我所爱的人，把他们当作敌人来看待，离他们远远的，或者无情地攻击他们。

如此一来我就无法得到和谐满意的结果，而是变得越来越自我、孤立。这些不愉快的结果并不是我的错误所造成的；错误是学习必经的过程。我心里想要的事物，才是造成不愉快的原因。

最后，我想再给大家一个建议，这是一个曾解救我多次的方法，那就是：如果无计可施，就选择臣服吧！有一次，我的婚姻出现很大的问题，几乎导致我和妻子离婚。有长达一个月的时间，我们企图沟通，但即使有我宝贵小字条的帮助，我还是不断陷入绝望的深渊。最后，除了找律师写协议书，似乎再也没有办法可想了。就在这时，我突然想起有一句话是这么说的："爱你的敌人。"由这句话，我又联想到另一句，是恺撒大帝曾经说过的话："我发现敌人的真面目就是我自己。"我看着妻子，发现我把她当作威胁我安全及幸福的敌人，而事实上真正的敌人是我的自毁倾向，即我的怀疑、无价值感、骄傲、孤独感、嫉妒、寂寞，以及对自己的憎恨。就是这些心魔在威胁我的快乐，而在那一刻，我了解到批判和恶行不可能是真理；只有能激发爱、喜悦和良好沟通的感觉与想法才是真理。

最后我终于摆脱了心魔的影响，在心中想象出美好的未来，并呼唤我的灵魂来教导我该如何表达，因为在那一刻，我最想得到的就是真理。从痛苦中，我感受到对妻子由衷的感激，我向她表达她在我心中的重要性。这次我说的话，字字发自真心，虽然我之前也说过类似的话，但是一点效果都没有。以前我虽然说的是应该说的话，却只是为了控制我的伴侣，因为我把她当作敌人，而企图保护自己。我认为她是错的而我是对的，如果我们一直这样下去，不难想象我们将会卡在这个瓶颈里很久很久。但是非常幸运，我放下了自己的利益，且记起了真正重要的事，为了我妻子好，也为了我自己好，我向最好的选择臣服了。结果我们突破了瓶颈，亲密关系回归了正轨。那么，下一次发生激烈冲突的时候，我会记得臣服吗？我真心希望我会记得，但没法保证。

我相信沟通的关键就是臣服。一旦你向真理臣服，你就能得到灵魂的引导。灵魂会让你知道该说些什么，并且领着你一步步走上和伴侣的融合之路。有时灵魂会让你察觉内心存在已久的深层痛苦；有时它会让你学会去爱、去欣赏，并且感激伴侣；有时它会让你学会不再用期望去束缚伴侣。不论何种方式，灵魂总会让你更靠近自己的内心，并了解到你和伴侣（还有世界上所有人）是一体的。

对正经历幻灭阶段并深陷权力斗争或企图控制对方的人，我的忠告是认真学习有效沟通的原则，尽可能去了解它们。然后，在激烈的争执中，相信自己的心和灵魂，让它们引导你，只要你诚心地顺服，真理便会让你明白该怎么做。

不管做什么事都是一样，只要知道自己真正要的是什么，你就会自然找到方法。如果知道做不到有效沟通会有什么后果，你也许会更愿意尽力去做。如果不能用和谐的方式来解决权力斗争，你就可能让自己的人际关系经历第三种偏差行为，也就是"报复"。

报复

"要报复就必须冷酷；而太空就是冷酷无情的地方。"

——《星际迷航》克林贡人的古老格言

"在太空中，没有人会听到你的尖叫。"

——电影《异形》的海报

报复的倾向，在权力斗争刚开始的时候就会出现。你会刻意伤害对方，从而减轻自己的痛苦。在报复的时候，你会得到一种冷冰冰的快感，但这种行为很快就会让人上瘾。其中一个原因是，要超脱自己的痛苦需要很大的努力，但借着报复来转移注意力却很简单。知道对方和自己一样痛苦，心里就会舒服一点。这样有什么不好吗？问题是，伤害亲近的人，会在你的痛苦之上，又添加一层罪恶感，如此雪上加霜，你就会更想要报复。如果你听过闹得不可开交终致离婚的夫妻交谈，你可能会怀疑这两个人到底有没有相爱过。为了金钱和财产的争吵，听起来虽然合乎逻辑，事实上却是企图处罚对方的报复。

我从儿子身上了解到，人在多小的年纪就懂得报复——那时他才三岁。虽然哈蒙在三岁小孩中算是很好相处的一个，但他在睡觉的问题上却带给我们很大的麻烦——他从来不愿意乖乖上床睡觉。如果照他自己的意思，他会一直玩到凌晨。我和太太自然是要先睡了，只能提醒他睡前记得关灯。就算他愿意乖乖上床，在十二点之前他是不会闭上眼睛的。有一天晚上，我下定决心一定要让哈蒙在就寝时间上床。八点一到，我就把他抱起来放到床上。他跑出房间，我把他抱回去。他又跑出来，我又把他抱回去。到了九点半，他已经很不开心了，而我则非常疲倦。在整个过程中，我的决心都没有动摇，也一直努力保持着冷静。这一次我把他抱进房间，他就没有再跑出来了。

他开始哭，而我则到客厅坐下，准备他再跑出来时，再上楼抱他回房。后来他终于不哭了，变得非常安静，应该说是太安静了。有一种安静会让父母马上产生怀疑，没经过训练的人是听不出来的。这种安静会让你不敢上床睡觉，否则早上睡醒的时候，房子或许已经整个烧掉了。我又上楼去，把他的房门打开。哈蒙躺在床上，静静地撕着壁纸。我怎么知道这算是报复呢？他的脸看起来很平静，当他抬头看我的时候，眼睛里也没有愤怒。我知道这是报复，纯粹是由于我的感觉。我感到心头一阵刺痛，那是让人想要流着泪问"你怎么能这样对我"的那种痛。我儿子一定是觉得自己输掉了权力斗争，而报复是唯一能让他捡回一点力量的方法。

想要知道你和伴侣的互动中是否夹杂着报复，是有迹可循的。

当你觉得伴侣的行为是想伤害你的感情，当你觉得伴侣的话或举动让你受到刺激、背叛或侮辱，那么很可能你们之间的权力斗争已经转变为报复。如果你因为伴侣的痛苦而沾沾自喜，甚至十分高兴的话，那么你就是在报复对方。你甚至会装作理性地说："我只是想让她知道，她这样对我的时候，我有什么感觉。""很好，我很高兴知道他受到了伤害，这样下次他就会注意一点。""只有这样才能让她明白不应该这样对待别人。""是他先伤害我的啊。"我们会这样对自己说，因为我们知道报复对任何人都没有好处，但又不想让自己当坏人。于是我们就把自己的行为理性化，让我们看起来像是好人在惩罚坏人。

在亲密关系中，察觉报复的迹象并选择改变，是很重要的。思考一下你和别人发展亲密关系的原因，你就会了解，你的目的并不是要伤害任何人。争吵是谁"开的头"并不重要，因为这并不是任何人的错。会争吵是因为你内心的创痛需要治疗。如果痛苦浮现，你却选择让自己痛上加痛的话，那么你已经失去了方向，需要重新思考你在亲密关系中的目标。如果现在你面对痛苦的方式，还是和三岁的时候一样，那么你就无法成长。你将一辈子在自我防卫中度过，无法信任别人，而且各种微妙形式的报复，将会成为你生活的一部分。要记得，报复是一把双刃剑，施加报复的人和被报复的对象，受到的伤害是一样深的。而且，选择报复虽然很容易，却并不是阻力最少的途径。事实上，这是阻力最大的一条路。报复让你难以体验真爱。如果你选择报复，最后一定会走上自我放逐的死路，这也就是结婚誓词从"我愿意"变成"不必麻烦了"的时刻。

比较聪明的方法是，检查一下亲密关系中，你有没有在哪些地方去刻意（不管是自觉或不自觉的）伤害伴侣。晚回家又不打电话，跟尖酸批评或恶言相向一样算是报复的行为。你必须了解自己在报复时用了什么作为武器，并且让伴侣知道。问问对方哪些话或行为会让他／她真正受到伤害，然后保证以后会对自己的行为更加注意与负责。放下武器，选择和睦相处吧！神说："报复是我的权利。"也就是说，它不是你的权利。

赢在心态上

"如果你想一窥自己的宿命，只要看看你的心态就可以知道了。"

——克里斯多福·孟

　　我想要再一次回顾痛苦这个问题，来作为本章的结束。我在亲密关系中学到的最宝贵的一课，就是你非常有必要用全新的心态来面对亲密关系中浮现的痛苦。除了小时候受到的创伤以外，我发现自己心中还有更深一层的痛——生而为人的痛。这种痛似乎是由孤独感衍生而来的。许多人都有过孤独的感觉，不管身边有多少朋友和深爱的人都一样。就算情绪最稳定的那些人，也会有寂寞、无助、绝望、嫉妒和空虚（这些不过是区区几个例子）的时候。我把这种伤痛叫作"身为人类的痛"，稍后会详加讨论。现在我要说的是，想要在亲密关系中获益，我们必须以不同的心态来面对痛苦。记住下面这句话，或许会有些帮助：痛苦虽不能避免，要不要受苦却可以选择。

逃避痛苦、不愿面对的倾向，只会延长我们所受的考验与苦难。许多人在面对痛苦时都倾向于逃避、挣扎、发怒或反应过度，因而使痛苦加剧。看看我们在面对令人不快的状况时，会做出什么样的选择：我们可能会尝试抽离自己的情绪；假装不知道发生了什么事；用外交手段来解决，让双方都不受伤但也不满意；责怪别人并要求他们改善；或干脆祈祷问题会自己消失。也有些人可能会用怒气来麻痹自己内心的痛苦，幻想痛苦会就此消失，不再浮现。

但是，就像我盘子里的胡萝卜不会自己消失一样，由我们的不完美而产生的痛苦也不会自动消失。许多宗教和哲学都对痛苦做出解释，并提出让我们脱离苦海的方法。我研究过许多教人面对痛苦的方式，没有一种会鼓励我们逃避、攻击痛苦，或放纵自己。相反，每种方式都教我们用平静、富有同情心且不伤人的方式来面对。我知道对许多人来说，要实行并没有听起来那么容易。这让我想起一个故事：有一位失去行动能力，只能坐在轮椅上，失明且听力下降的老人即将过一百一十岁的生日，有人问他活到这么老有什么感觉？他诚恳地回答："很好啊！我还没有死，这样算不错了。"

那些胡萝卜对我来说难以下咽，这是毋庸置疑的，但是明知无法逃避还要挣扎，不愿把它吃掉，也不算是很好的选择，因为这样只会让我的痛苦有增无减。一路走来，我了解到跟妻子争吵、证明她是错的，或企图控制她的行为只会阻碍痛苦的浮现，自然也就无法用爱来疗伤。如果能坦然面对痛苦而不抗拒，那么痛苦就会转变为一份礼物，让我们更有自信，更相信自己，更坚强，更快乐，更接近自己的灵魂，更了解彼此，等等。总而言之，若能坦然面对，益处是数不尽的。我们都知道，如果不能接受并坦然面对痛苦，我们就必然要受苦。但若能用勇敢的、灵魂所启发的方式来响应，我们就能得到前所未有的自由——灵魂关系的自由。

▼

1. 我们小时候所受的痛苦，大都由于需求不足。孩提时代两大主要需求是归属感和确认自己的重要性。有时需求没有得到满足所造成的痛苦非常深重，让我们觉得再这样下去自己好像会死掉，或受到重大的伤害。

2. 为了保护自己免于心碎，我们会采取非常手段，也就是把没有满足我们需求的人（"伤害"我们的人）拒于千里之外。我们把痛苦丢进地下室——也就是潜意识里。但是有一个很大的问题，那就是我们对于当初对自己造成创伤的人、事、时、地，以及原因，往往存有错误的记忆。人类的心智似乎有自我保护的机制，让我们不会再一次感受过去的创痛。保护自己的两个方法是：麻醉自己和遗忘。我们把痛苦深埋在潜意识里，然后把发生过的事忘记。往往创伤愈深，我们"健忘"的倾向就愈严重。

3. 不管我们受到多重的责打，身体所受的痛总是比不上心理的痛。感觉自己不被爱最伤人的，这种感觉会让我们对自己产生负面的想法，让我们无法了解自己真正的潜力——开创快乐的、自我实现未来的潜力。

4. 把生命中重要的人拒于千里之外，会让我们对每个人都保持距离。但我们还是会有需求，还是希望有人能满足我们，于是我们相信，想要得到满足，只能用强迫别人的方式，因而想出许多操纵别人行为的方法。这些操纵人的手段衍生自沮丧的心，而不是出自爱或灵性，所以这样的行为是被误导的偏差行为——即使我们如此做是为了得到爱。珍·尼尔森指出四种主要的偏差行为是：

引起注意（看看我！看看我！）

权力斗争（我不想做，你不能逼我！）

报复心理（你伤害了我多少我也要伤害你多少。）

自我放弃（努力有什么用呢？反正我一点也不重要。）

总有一天，我们会选择一个亲近的对象，这个人可能是密友、情人或伙伴；我们希望这样就能让存在已久的需求得到满足。我们会故技重演，采用小时候做出的偏差行为。随着年龄增长，偏差行为会变得复杂，但结果却是不变的：我们的需求还是没有得到满足，而曾经感受到的不被爱的伤痛又开始浮现。这样的互动，往往会让双方都产生错误的观感——两个人都认为对方的行为造成了自己的不快。妻子可能会经常忘记丈夫不喜欢她的某一种香水，而继续使用它；丈夫可能会把袜子和内裤到处乱丢，因而造成妻子的不便。两个人都认为对方的行为是造成自己痛苦的原因，于是争吵不休。他们都不了解，其实对方的行为只是让自己的旧痛浮现的催化剂。

5. 当旧痛浮现，我们又会像从前一样，想把伴侣拒于千里之外。我们会展开权力斗争，使自己和对方保持距离。权力斗争在这时具有多重功能：

我们企图控制对方的行为，因为我们认为那是造成我们痛苦的真正原因。

我们会采取跟对方相反的立场，让两人保持安全距离，这样一来，就不会感到痛苦。

双方都觉得自己是对的，因而觉得握有力量。

分散双方的注意力，让两人都不必面对痛苦、沮丧的真正原因。

6. 在所有的权力斗争中，其实在内心里，双方都感受到同样的痛。但两人采取了对立的立场，于是正方似乎对什么事都没有感觉，而反方则是对每件事都反应过度。两个人都不会感受到真正事关重大的痛苦，或是痛苦之下隐藏着的爱。

7. 权力斗争一开始总是伪装得很好，看起来就像是人际关系中遇到的一个状况似的。但在这表面下，隐藏着什么呢？（请看图四）

他们其实可以做出新的选择——只要他们能对自己的痛苦负责，不怪罪对方，表达自己的痛，让它浮上台面，他们就可以选择爱自己。痛苦一旦浮上了台面，两人就可以选择平静地去体验它，用爱来支持彼此，一起度过。要做到这样，最简单的方式就是和对方沟通。

8. 能帮助你做出有效沟通的八个纲要问题如下：

① 我想要什么？

② 有没有什么误会要先澄清的？

③ 我所表达的情绪，有哪些是绝对真实的？

④ 我或我伴侣的情绪，是不是似曾相识？

⑤ 这种情绪是怎么来的？

⑥ 我该怎么回应这种情绪？

⑦ 情绪背后有哪些感觉？

⑧ 我能不能用爱来回应这种感觉？

状况（不好不坏）

甲晚归

问题（触发机关）

乙：甲总是晚归又不打电话，我很生气

甲：乙很不开心，我不知道该怎么办

真正的问题（旧痛复发）

乙，悲伤地：我觉得配不上你

甲，悲伤地：我有罪恶感，我不够好，配不上你

创伤（痛苦的原因）

甲／乙：从我有记忆以来，一直觉得自己没有价值

选择

甲／乙：我不爱自己了

图四

以下所列的是九项我最喜欢的处理痛苦情绪的方式，我曾用这些方式得到了平静，也解决了问题。

方式一：向感觉吸入空气

找出你身体哪些部位与你的情绪相对应。通常愤怒的感觉会在颈背、下巴和肩膀造成反应；悲伤的感觉在胸腔和喉咙，或有时在眼睛后方造成反应；恐惧的感觉反应，则往往在消化器官。但这只是一般性原则，对情绪有反应的身体部位会因人而异。

一旦你找到了感觉情绪的身体部位，就把你的呼吸导向那个部位。你的吸气必须深到足够充满你的身体。吸气要均匀、不间断，不是吸气或呼气之后就停下来。不断向感觉吸进空气，并接受自己的感觉。如果排斥自己的感觉，你只会让它的负面影响更加壮大，而对你的身心造成更大的伤害。如果你能平静地向感觉吸入空气，只要一分钟，你就会发现感觉已经开始改变了。如此集中精神，呼吸六分钟以后，你的感觉就会完全不一样了。有时不一定是六分钟，需要多久才能完成这个过程，你就呼吸多久。

方式二：如实如是地接受

将觉知即刻带到感觉里。在此过程中，你的感觉中会有意识出现。之所以有意识的出现，是因为我们往往倾向于排斥和否定那些我们不想面对的情况，正是对这些不想面对的情况的拒绝，会导致我们在情感上对这些情况的排斥。但切不可把接受与顺从混为一谈。顺从是以容忍的方式掩盖拒绝的真相。"它就是这样子的"是一种强有力的表示方式，能够让你集中精力关注你内在的不适感。你也可以试着接受你排斥的东西，这会让你与自己的愤怒情绪相连接，更好地探索愤怒之下的感受。

方式三：触摸疼痛

如果没有意识到自己的感觉，你可以直观地问问自己：如果别人面临和你一样的状况，他们会有什么感觉，在他们身体的哪个部位会有反应（情绪几乎总是在躯干上造成反应，但有时头部也会有反应）。将你的手放在那个部位，去注意任何身体上的感受，逐渐地你就会意识到更深层次的感觉。一直把手放在那个部位，直到你完成整个过程为止，或者直到你意识到在身体的其他部位有更强烈的感觉为止。

方式四：克里希那穆提的方法

想象你的身体是一个容器。让你的痛苦充满整个容器，想象你的身体可以一直扩张，直到把所有痛苦都装进去为止。然后，让你心中的爱，散发出温暖的治疗之光。在体验感觉或情绪的同时，看着你的心，用无私、无条件的爱去照耀你的痛苦。用开放的心去接受这样做的结果。

方式五：运用肢体表达

依照你的感觉来移动自己的身体。大部分负面的感觉或情绪都是收缩性的，所以你可能会自然地想把身体缩成一团。让身体来表达你的感觉。当你觉得身体已经正确地表达出你的感觉时，你就维持住这个姿势，时间长短由你自己决定。然后，再想象你被快乐笼罩时，身体会做出怎样的动作。想象你另有一个快乐的身体在你的痛苦的、蜷缩起来的身体旁边绕着圈，然后慢慢靠近，最后和痛苦的身体合一。当两者融合的时候，会发生什么事呢？让你的身体来表达其结果。

方式六：笔者的方法

这个方法是我在二十岁出头的时候，无意间发现的。有一天我感到非常绝望，几乎到了无法承受的地步。我躺上床，闭上了眼睛，突然我发现自己可以"看到"痛苦呈现出来的形态——它是一团紫黑色的云。我全神贯注地望着它，发觉我的专注能让我到达云的中心。云的中心呈现不同的颜色——它是红色的。于是我专注地看着这片红色的区域，直到我所能"看到"的范围全部充满了红色的能量。现在我发现绝望的感觉已经消失了，取而代之的是由无助所导致的虚弱感。我的专注再一次带我到达这个感觉的中心，这次我看到的颜色是蓝色的。很快，我就被蓝色的能量包围住，而让我察觉到内心的不被爱的感觉。在半小时之内，我经历了至少二十种深刻的感受。

我不断地这样进行着，直到自己体验到极致的爱为止。那天之后，有好几个星期，我过得非常愉快。然后，我再一次感受到痛苦，不过这次我就知道该怎么处理了。

你也来试试看吧！"看一看"你的感觉是什么颜色，"听听"看你的感觉发出什么样的声音，让你的专心帮助你到达这个颜色或声音的中心，不管你要揭开多少层的帘幕，最后一定能得到平静。

方式七：听听感觉说什么

如果你仔细聆听心中的感受，就能听到它从一开始就想说的话。听听它想说什么，让它借由你的嘴来表达，当你知道它的存在以后，感觉就能演变为更高层级的体验。未知的事物总是令人害怕，所以问问自己你的感觉想说什么吧。如果你不知道，就想一想如果你知道的话，感觉会说些什么。想要了解的意向能启动你的直觉，而直觉则能引导你的想象力。所以你一开始虽然只是猜测，却能慢慢演变成精确的表达感觉的方式，而让你的感觉得到释放。

方式八：感谢的效用

过于情绪化很容易让沟通阻滞不前，但是只要一句简单的感谢的话，就能轻易地让沟通再次变得顺利。当然啦，当你深陷在痛苦的感觉之中时，你可能很难看到对方有什么值得你感谢的地方，但只要你有心，就一定能找到适当的话语，来向对方表达他／她对你多么重要。在黑暗中，爱就像一盏灯，能指引你们的方向，让你们重回对方的怀抱之中。

方式九：分享你压抑的感情

另一个察觉痛苦情绪的方式，是和伴侣分享你所压抑的感情。你一直在压抑的，也许是一份恐惧、一个秘密，或不想让别人知道的情绪。把你所压抑的感情拿出来分享，就像拔掉一个瓶塞，让关在瓶子里的感觉，能以健康的方式释放出来。当然你必须分清楚哪些感觉是可以分享的，哪些不可以，这样才不会火上浇油。就像处理其他情绪问题时一样，永远让心来引导你。

9. 我想要向恰克·史匹桑诺致谢，他采用了《奇迹课程》一书的纲要作为他的著作《知见心理学》的基本架构。从他的著作中，我得到了许多有关沟通的重要知识，在以下的段落中，我会把这些知识用双星号（★★）在句末标示出来。以下是我个人对"权力斗争"和"沟通"的观察心得：

不管自己和伴侣的行为让我有什么样的感觉，只要能为这些感觉负全责，我就创造了我们之间互相支持的可能性。如果我这样对伴侣说："你昨晚很晚才回来，让我很不爽！"那就表示我不了解心中痛苦的由来。我认为是她造成我的不快，于是把我的快乐变成了她的责任。可笑的是，我认为让她当做错事的坏人，就能让我理直气壮，觉得自己握有力量。可是相对地，如果我把自己当作她所作所为的受害者，我又放弃了多少力量呢？坚持她是错的而我是对的，也许能让我得到虚浮的力量感，但我一定不会快乐。换个角度来看，如果我对她这样说："你昨天晚归，让我察觉到了内心的痛苦。我觉得自己被遗弃了，没有人爱我。但这不是你的错，我只是发现在内心深处我是多么没有安全感。"如果我说这话的时候是诚心诚意的，而不是在做被动式的攻击，那么对方就不需要为了自卫而在我们之间筑起高高的城墙。事实上，我这样做可以让她摆脱晚归的罪恶感，而开始表达她的感觉。在沟通的时候，如果我一直坚持自己是对的，争吵就会一直继续下去。如果你发现自己和伴侣争论不休，无法解决，那么不妨问问自己，你是不是坚持自己在某件事上是对的。（★★）当你发现了自己坚持的是什么以后，再问问自己，你比较希望自己在这件事上是对的，还是比较希望自己能够快乐。如果你坚持要当对的一方，争吵就永远没办法结束。

如果互相指责在权力斗争中占有很大分量，那我就绝不能一直坚持自己是对的。我往往会坚持伴侣是错的，从而掩饰自己的错。我会顽固地想当对的一方，有一个原因是恐惧——害怕承认自己错的话，会受到处罚，而且永远得不到原谅。另一个原因是我的愚蠢的自尊。还有一个原因，如果我承认自己是错的，就没办法控制局势的发展；但是这些理由都不能使我快乐，而只会让我把自己封闭起来，离伴侣远远的，让自己处在孤立、自卫的状态之中。

如果能在亲密关系中采取百分之百的负责态度，我就能轻易地找到较成熟的解决方式。沟通是不能用一人做一半的方式来进行的。如果我认为我做我这一半，伴侣也得做她那一半，两人才能沟通的话，那么我就是对她有所期望，也就是再一次把我的快乐当作她的责任。第一章中我们已经谈过，期望会导致失望以及愤恨，这会让权力斗争更加恶化。在心中我清楚地知道，我已经有了百分之百的完整答案。如果我相信自己的答案，我的心就会告诉我该说些什么，该如何聆听。决心只有一种，那就是百分之百的决心。百分之五十的决心是不算数的。

有时候，沟通中最快捷的方式就是诚心道歉。如果你能承认曾经犯下的错误，就能省下一大半的力气，有时候甚至可以让冲突马上结来。承认自己有错，具有神奇的疗效。把自己摆在需要人原谅的处境里，对你来说可能是种全新的体验。但是有很多人把犯错和做坏事画上等号。你脑子里的完美主义也许会经常批评你把晚餐烧焦了，或把木材锯得太短。这些原本很小的错误，却被看作不可原谅的罪行。这是因为我们与生俱来的罪恶感让我们不肯原谅错误——不管是自己的还是伴侣的错误！如果你肯坦然承认错误，那么罪恶感就能转变为同情心，让你体验到真正的宽恕。

我常建议争吵中的夫妻，在其中一人说话的时候，另一人就想象自己正在看着一面镜子。伴侣对你说的话其实是你对自己说的话。我自己也使用过这个方法，因而知道了一些在了解自己之前必须知道的事实。如果伴侣说你自私，而你为自己辩驳，那就表示你内心深处一定也相信自己是个自私的人。自卫的辩驳只会让你的信念更坚定，同时也加深了你对这个信念的恐惧。相反地，接受伴侣的说法，则能让你心里的信念浮现出来，如此一来，你就有机会把它改变为比较健康而且充满爱的信念。你可能会因为自己的自私而觉得羞耻或有罪恶感，但如果你愿意把自己的想法摊在阳光下，你就不会被它所控制了。

如果伴侣所表达的痛苦感觉是我不能马上体会的，我可以问问自己，是不是曾经有过一样的感觉。（★★）然后我会想起自己确实曾经有过这种感觉，于是当时的感受就会在心里重现，现在我要了解伴侣的感受，就容易多了。知道伴侣跟我有同样的感觉，就更能让我把她看作镜中的自己。如此一来，我就会把伴侣当作曾经失去，而现在重新找回了的我自己的一部分。（★★）

现在我们来看看正反两极的问题。电池如果只有正极或只有负极，是无法使用的。如果想法总是太倾向正面，你将会失去平衡——因为你很可能封杀了自己负面的那一面。大自然是注重平衡的，所以如果你吸引到的另一半是倾向负面的，这也很合理，因为这样才能达到平衡。伴侣所表达的负面感觉，其实是一部分的你，被你封杀了的那一部分，现在希望和你团聚。接受"负面的自己"，能让你感觉更完整，也更接近自己的心。如果你是"负方"，吸引了"正方"的伴侣，也会经历同样的过程。

"反方"是感觉丰富的一方，往往倾向于放纵自己的悲伤、恐惧或愤怒，且相信这些感觉都是千真万确的；"正方"则尽可能地避免感受情绪，在潜意识里，他们生怕感觉和情绪具有致命的危险性。但如果可以合作，正反方就能够互补。感觉敏锐的反方，可以帮助正方以较轻松、平静的态度来面对自己的情绪，并用同情和了解的态度来安抚、鼓励正方。正方则能帮助反方，让他不致因为过分放纵情绪而陷于低潮。正方热情洋溢的乐观态度还能鼓励反方一步步走向真爱。

把伴侣当作自己内心的一部分，仔细聆听对方的想法，能够让你以不同的观点去看待问题，因而让你发现更多的可能性。如果把负面的观点与正面的观点结合，你就很有机会得到一个平衡的观点。

只要解除自己的武装，我就能了解，伴侣对我的攻击其实是求救信号。只有不快乐的、受了伤的人才会攻击别人。有时候，当伴侣对我使用言语攻击的时候，最好的响应方式就是感受并自行消化心中的不快，而不反击回去。同时，以同情、了解的态度来应对，用温柔的语调诉说真心的话，能收到惊人的效果——对方的攻击会转变为真诚的感觉分享。通常当我自行消化了自己的负面感觉后，冲突也就自然结束了，两人又会像度蜜月一样甜蜜。

我曾经听过许多案主抱怨说他们的伴侣什么事都不告诉他们。例如，一位妇女是这么批评她的丈夫的："每次我想要好好谈谈时，他总是逃离现场，再不然就是开始看报纸。"让我们假设在这个例子中，沉默寡言的一方是感到较多痛苦的一方，那么他的伴侣就必须使用"诱兔出洞"的把戏。如果想抓一只躲在洞里的兔子，你当然可以使用蛮力把它拖出来，但是这个方法可能会让受惊的小动物躲进洞的更深处。比较好的办法是，拿一片菜叶放在洞口引诱它，让兔子自己从洞里出来。

在上例中，面对埋头看报、沉默寡言的丈夫，有效的应对方式是让他知道，如果想要谈谈的话，她随时都有空，然后给他很多的个人空间。接下来她所要做的，就是完全不要期望他会开口说话。每当我这样告诉案主时，他们往往会这么回答："我已经试过了，我给他很多空间了，但是他还是什么也不说。"然后我会对他们强调我说的是"很多很多"的空间——空无一物的空间，没有期望，什么都没有。我想要告诉这些案主（并提醒我自己），争吵需要两个人参与，要解决争执却只要一个人就够了。即使你的伴侣缩在壳里不肯出来，即使对方还想一直吵下去，或是完全不了解有效沟通的原则，都不要紧。只要你有用爱来解决问题的决心，你就能想出实现目标的方法。

让我们面对现实，要在你认为是敌人的人面前坦白你的痛苦或需求是需要勇气的；而在大战爆发之前，你的伴侣往往就像是敌人。如果你把痛苦怪罪在伴侣头上，不肯承认它是你自己的责任，你将会：① 在冲突愈演愈烈时，你很可能招致对方猛烈反击；② 因为伤害伴侣而有罪恶感；③ 伤害到自己，因为你的伴侣事实上"就是你自己"。这样一来，你就会在旧伤上又添加新伤，而且也和伴侣越来越疏离。但是，如果你在争吵时能停下来想一想，感受一下驱使你争吵的痛苦并接受它，你将会改变自己，也改变你的亲密关系。"承认自己有错"能让这个过程变得容易一点，同时也是沟通中的转折点，这是非常重要的，因为罪恶感似乎与所有潜意识的痛苦都有关联。如果我不愿意认错，就是否认自己的罪恶感，也就是否认痛苦，我会继续认为我的痛苦是伴侣的错，因而怪罪、排斥她。如果我能够认错，我就能原谅自己的错误，然后，伴侣通常也会原谅我。

你有没有注意过，在争吵时很难表达感谢？再想一想，好像两个人在一起的时间愈久，就愈少表达感谢。这并不是因为你的伴侣的所有优点都消失了——虽然看起来很像是这样。事实上，是你不再为了对方的优点而心存感激。在你愈来愈少或完全停止表达感激的同时，伴侣的优点也都"凭空消失"了，这难道是巧合吗？

也许是你心中不好的那一面压过了充满感激的本性，于是你在潜意识中便抑制了感谢的心。想找出真相只有一个方法，特别是在沟通发生阻碍时——告诉伴侣你有多感谢他／她。我知道这像是试着发动一辆很久没开的车，但你可以从一句简单的话开始，像是"我很感谢你努力地想了解我"或是"你对我很重要"等表达对方重要性的真心话，能化解阻碍，让沟通变得顺利。从你表达感谢，到对方开始分享感觉所需的时间，也许会短得让你惊讶。就算你觉得自己不能够表达感谢，只要有心，你就能想出该说的话。曾经有几次，我感到非常生气和受伤，实在不想主动求和，但是我心里有一个小小的声音告诉我，说一句感谢的话对我们两人都有好处，因为真心的付出，一定会有收获。重要的是，我的心意是诚挚的，而且感谢的话能化解我们之间的僵局。

跟伴侣分享感觉，要逐渐深入。造成这些感觉的以往经验，也要一并提出来分享，但是不要让不相关的故事扰乱了真正重要的感觉。不要忘了向对方保证你的感觉不是他/她的错，而完全是你自己的责任。如果你觉得和伴侣之间充满了平和的感觉，这就表示你的努力已收到了效果。

发生争吵时，我的目标是和对方沟通，直到我们两人发现彼此其实同病相怜，背负着同样的痛苦为止。然后，我就可以选择从痛苦中超脱。这是灵魂关系中两人心灵合一的开始。一旦我了解到伴侣和我有相同的感觉，我们就在同一条船上了。从这一刻开始，用爱和尊重来互相扶持就变得非常容易，两人之间的鸿沟——也就是所有冲突的根源——就可以慢慢缩小了。

一开始，我在用上述方法尝试沟通的时候，失败了无数次，一直无法得到理想的结果，所以对我来说，发现并改正错误，然后从头再来是很重要的。所有的人在尝试有效沟通的时候，都像小孩子一样，得从头学起，尽力而为，从错误中学习。一开始的尝试可能会错误百出，但即使是失败的尝试，也能多多少少得到正面的效果，让我们能保持希望和乐观，继续努力下去。有时候我们很诚心地完全照着纲要做了，却发现事情一点改变也没有。在这样的时刻，牢记一开始的意向是很有益处的。然后，我可以问问自己，我是不是把什么事都看得比完美地解决问题还来得重要。换句话说，比起解决问题然后享受和谐的亲密关系，是不是有什么是我更想要的？是想要证明自己是对的？不想承受难忍的痛苦？想要报复？还是害怕与人亲近？如果我真的想知道，我的心就会让我明白自己执着的是什么，然后我就能做出选择，把爱摆在这些执着之上，并在沟通中，和我的伴侣更亲近。

×

Chapter 4

第 四 章

内省

"我对镜中人说话,问他能不能改变自己的态度。"
——迈克尔·杰克逊的歌曲《镜中人》

在生命中，我们早晚有一天会了解到，与知名电视剧集《X档案》的台词相反的，真理"并不"在"外面"。没有人会满足我们的需求，没有人会让我们快乐，也没有人该为我们所受的伤负责。在外四处寻找之后，我们终于了解到，我们所有生活经验的因和果只可能存在于一个地方——我们的心中。在灵魂的演化过程中，经历幻灭之后，我们要经历的下一步就是我所谓的"内省"阶段。

在我写这篇文章的时候，我的女儿塔拉才五岁。她喜欢画人，而且画的主要是小女孩。她通常把小女孩画得比房子还大。塔拉似乎把自己看得很伟大，这一点从她的画可以看得出来，但随着她与外在环境的互动越来越密切，她可能很快就会失去这种"伟大感"。她会把房子越画越大，而把小女孩越画越小。这让我想起自己五岁时发生的一件事。那是天气很好的一天，我坐在人行道的边缘。忽然，我注意到外在的世界，觉得世界好巨大，而相对地，我自己则显得很渺小。我还记得当时被忧郁笼罩的感觉，几秒钟前还存在于心中的幸福平静感，一点一滴地消失了。

现在再回头看这件事，我相信当时的悲伤是因为"梦醒了"，我注意到外在的环境，心中却失去了一些东西。我也清楚地知道，是在这件事之后，我才慢慢注意到自己身边所发生的事——像家人的情绪变化，朋友在我的世界中占有的一定地位，以及感到世界在一天天扩展，等等。事实上，我跟外在世界的接触越来越频繁，而从前只是隐约感受到的渺小感，现在已经成了我对自己的真实看法。与外在世界的接触，让我不断追求越来越大的目标，这也许是为了找回小时候拥有，后来却失去的"全能感"。然而，没有一项成就或胜利能够满足我的渴望，而我最后不得不相信从前的"渺小感"是对的，我自己一点重要性都没有，只不过是宇宙中小小的一个点而已。

亲密关系让你必须再次面对那种渺小的感觉，并驱使你了解真正的自己。在"内省"阶段，这样的过程将会非常剧烈，因为虽然这是亲密关系中最难应付的一个阶段，它却能带给你无价的礼物——那就是灵魂。从小我的观念中解放出来的灵魂，将在这个阶段展翅高飞，展现出它真正的力量。现在你也许在想象，这么重要的东西应该是藏不住的，因为灵魂的光芒会以令人振奋的、戏剧化的方式划破黑暗，就算是最美丽的日出，跟这样的光芒一比，也就像是手电筒的光一样暗淡了。事实上，一般人在这个阶段的体验，是恰恰相反的。这也是我相信这是亲密关系中最困难的阶段的原因。

内省阶段所包含的陷阱，比其他阶段都多。这听起来可能不怎么令人振奋，尤其是当你想到之前的"月晕现象"和"幻灭"阶段已经有很多要努力的了。我想向读者（以及我自己）保证，内省阶段并不是亲密关系的终点，除非你希望它是。有时候亲密关系必须结束，因为它已变成一种虐待，或因为两人处在瓶颈状态已经太久了。也可能因为两个人已经达成共识，是该向前迈进的时候了，只不过，是各走各的。我并不认为亲密关系应该持续一辈子。但是如果在你的内心里，希望现在的亲密关系或生活现状能够持续下去，那么，也许本章的内容能够给你一些灵感。

好的，不好的，丑陋的……和神圣的

"既然要爱，就要爱他的全部。"

——克里斯多福·孟

让我们来复习一下亲密关系的历程：以下这个简单的图表（图五），描述了一个人在与伴侣变得愈来愈亲近时所经历的阶段。

一个人有可能度过了亲密关系的前三个阶段，却仍不明白在灵魂的层次上发生了什么事——我亲身的经验就是这样。如果你不愿意对自己的人生负责，继续忍受不愉快的经验而享受愉快的时光，日子一样可以过。就算你在前几个阶段都已充分利用机会，也不保证你能够顺利地度过下一个阶段，不过你的成功概率确实可能增加。当你在幻灭阶段将自己磨炼成为沟通专家并能平静面对痛苦之后，你会变得更成熟、更自觉。在你进入内省阶段时，这个因素会对你非常有帮助。但内省阶段有其独特的元素，是在其他阶段所没有的，因为亲密关系的精神生命是从这里开始的。

好的

月晕现象　感情　浪漫

对爱的需求所导致的兴奋

灵魂的层次：得到一份礼物或经验　遇到"老朋友"

不好的

幻灭　权力斗争

控制　操纵　旧痛浮现

灵魂的层次：沟通　原谅　决心对自己负责

丑陋的

内省　魅影　牺牲的模式

倦怠　抑郁　怀念从前的绚丽浪漫

排斥伴侣或被排斥　死亡的诱惑

灵魂的层次：明白自己的方向　发现小我的诡计　产生决心

以灵魂为中心的亲密关系

启示　第一个守关的保护神　分辨

情绪、心灵和人格开始整合

充满爱的亲密关系　目标　终生努力　见解

图五

我从前的观念是，有好人和坏人的存在，对错都是绝对的，而婚姻则是一人贡献一半。虽然要改掉这些观念很难，但我还是慢慢开始相信，除非我能对亲密关系中的所有事情百分之百负责，否则我永远不可能快乐。而且，如果我不愿意面对自己心里的所有事，我就没办法达到完全负责的目标。

内省是检视自己内在所有想法和感觉的过程，其终极目标是让你能和自己内在的事物和平相处，并且用爱来面对它们。在这个过程中，你也会发现，在追求快乐的时候，是哪些事让你产生了好人与坏人、对与错以及一人一半的想法。在内省的时候，如果你没有决心，你心中负面的部分就会投射到你外在的亲密关系中。你的伴侣会自然而然地接收你心中丑恶的事物。然后你就只剩下这几个选择：逃避这些丑恶的事物、试着毁灭它们，或把它们从你生命中排除掉（你知道这样会把谁也一并排除吧！）。有一件事是很确定的，如果无法承认这些丑恶的事物是你的一部分，你就没办法去爱它们，因为你无法爱跟你无关的事物。

诚心检视反映在伴侣身上的你的内心世界，可以让你真正地、心平气和地了解自己。即使你所发现的事物，一开始可能显得丑陋不堪，它却也让你得到了一个机会去了解，在你心中，没有什么事是你不能去爱的。爱能让从前你觉得丑陋的事物也转变成爱。对自己百分之百地负责，不但能让你的亲密关系起死回生，还能让一部分的你——你认为早已死去或从未存在过的那部分——也活过来。

让我们再回头看看"亲密关系是一人贡献一半"这个古老神

话。亲密关系是不能一人一半的，因为这表示你只需付出百分之五十的努力，也就是说你只有一半的时间在为亲密关系努力及付出。这样是不够的。如果你相信对亲密关系你只需负一半的责任，那么即使你能付出百分之百，实际付出的却也只有百分之五十。既然你所看到的一切都是你内心世界的投射，你将会发现伴侣也只付出百分之五十，这样一来，你们两人都会坚持自己已经做了自己该做的那一份，却指责对方不肯尽全力。

在内省阶段，你将有机会去了解到你和伴侣之间有着密不可分的关联。你会发现，你对待伴侣的方式事实上就是你对待自己的方式。你接下来的首要任务，就是接受并整合自己不好的那一面，停止争执并提供支持，在伴侣有无力感时诚心地鼓励他／她，并且在相处时保持明辨是非的态度。不要让自己变成迫害者，不要好坏不分；要给予伴侣力量但不是同情，和伴侣分担人类共有的空虚感。内省的阶段让我们了解的信息是：你对伴侣付出什么，就是对自己付出什么。这个信息的一字一句，都像是用星星的碎片写出的一样鲜明。

一旦进入了这个阶段，你就会遇上最使人衰弱的偏差行为，那就是自我放逐。

自我放逐

"没有人会注意，也没有人会关心。真悲哀，没错，事情就是这样。"

——《小熊维尼》中驴子屹耳在大家都忘了他的生日时说的话

    基本上，我们在亲密关系中有两条路可走：第一条是无止境地追逐需求，如果有必要就操纵他人，能拿什么就尽量拿，并在其他方法都失败时选择妥协；第二条路是借由以下的方法来了解真正的自己：放弃期望，用沟通来达成让双方都满意的结果，以及永远把自己与伴侣的快乐一并当作优先的选择。大部分的人都时常在这两种方法之间游走。但如果我们顺着第一条路——也就是注重个人需求的路——不断走下去的话，我们就会对伴侣有所要求，会与伴侣争吵，或试着控制对方等，但需求还是不会得到满足，而我们的气馁、沮丧感也就与日俱增。最后这一定会造成"自我放逐"的行为。

    如果你在小时候曾经遇到十分深重的沮丧感，让你认为不管怎么努力，你都无法让周遭的人来满足你的需求，那么你可能会干脆选择放弃。从那一刻起，你就会认为，你所有的努力最后都是白费，你会想：努力试着引起别人注意，试着赢得别人的赞许，试着让别人邀请你成为他们的一分子，试着赢得别人的爱……这一切有什么用吗？干脆放弃并且希望别人都不会来打扰你好了。自我放逐的程度，会因不同类型的人而不同。

既然你没有得什么心理、精神或生理上的重大疾病，这就表示你早已发展出应付心碎的方法。在情感上疏远没有满足你需求的人，让你得以免于心碎。在否认、遗忘创伤之后，你又站了起来，并且适应了新的世界。在这个新世界里，希望需求能够得到满足，只要你能够找到对的人就可以了——也许是借由卓越的成就、不断的努力，或纯粹只是走运。在青少年时期，你寻求自我肯定及重要性的对象可能是伙伴团体。成年之后，你寻求满足的方式可能转为和可以共度一生的伴侣建立亲密关系、寻求精神导师、努力工作、信仰宗教、社交生活、创业或干脆当一个寻求灵性提升的流浪者。

不管用哪一种方式，有一天你很有可能又会有想放弃这个"爱的来源"的念头。当强烈的无力感压得人喘不过气时，几乎所有的人都会把放弃当作一个聪明的甚至是救人一命的抉择。最能让人有这种念头的，正是亲密关系，因为亲密关系能让人回想起最深刻的生活体验。你和伴侣越亲近，就越可能想起小时候的无力感——这种感觉的形成，是因为你相信自己不够重要，所以妈妈、爸爸或其他家人才不爱你。

绝大多数的亲密关系都会让人多多少少有失败的感觉，因而觉得非常气馁。爱和接受所带来的温情，也许十分缺乏；两人之间的交谈也许缺乏生气、没有益处，就算是能诚心沟通的人也一样。也许空气中弥漫着困惑，也许方向感已经迷失或混淆了。在这种时刻，你心里也许会浮出一个声音，对你说着连你自己都不敢相信自己会有的念头："也许一切都结束了。"

当我和妻子遇到看似无法穿越的墙壁时，有好几次我也曾经听到这种令人沮丧的声音。虽然只要假以时日，我们就能突破这道墙，而到达更美好的境界，但下一次我们再遇到墙壁时，这个声音会变得更有说服力，而沮丧与无力感也变得更加真实。这是因为在解决了一个阶段的沮丧与无力感之后，我们就已经为即将到来的更深沉、更具破坏力的下一个阶段做好了准备。

在亲密关系中，因为失败和无力感而想要放弃的这种经验，是一个清楚的指标，表示内省的过程已经开始了。这是大揭秘的时刻，偶像和理想将会瓦解，疑惑会增加，幻想则会消散。如果你是把伴侣当作提供你个人满足的工具，那么你现在就很可能会下一个结论，认为你要不就是选错了人，要不就是爱的火花已经熄灭了——总而言之，是该离开的时候了。

但如果你把亲密关系当作学习无条件的爱的途径，那么你的决心就能让你渡过"不可能的难关"，而体验到更美好的快乐和亲密。在这个阶段，有一些关卡确实像是不可能完成的任务。潜意识中的陷阱好像数也数不清，而你的努力好像都是白费。要想突破这些看似固若金汤的障碍，我们必须学会"穿墙而过"的艺术。

穿墙而过

"石墙并不构成监狱，铁栅也不构成牢笼。"

——理查德·劳雷斯

当我的婚姻第一次走到这个阶段时，我不禁开始严重怀疑亲密关系是不是都注定了要失败。即使我和妻子在爱、亲密、信任和尊敬等方面都大有进步，我们的亲密关系还是有陷于停滞状态的倾向。日常的例行事务、潜意识的习惯，再加上逃避冲突的倾向，经常企图在我们之间制造嫌隙。同时我也认识一些并不逃避反而选择冲突的夫妻，他们觉得权力斗争比死气沉沉还来得好些。最后我发现我和伴侣之间这道坚固如山的障碍已经把我逼得无路可退了。于是，我不得不开始思考，是不是亲密关系都不能长久，还是我选错了人，再不然就是有什么事是我必须学习的——而且要快！

用我父母的亲密关系来做借鉴是没有用处的。小时候我家里很穷，父母有八个孩子要养，还曾经因为第二次世界大战而分隔两地，再加上来自社会及宗教的压力，以及酗酒的问题，考虑到所有的因素，他们还能维持住婚姻，真的已经很不简单了。他们都尽了自己最大的努力，但我很怀疑他们到底有没有穿越两人之间的墙壁。我清楚地记得，有一段时间，他们几乎不和对方说话，还分房睡。

几年前，我曾在报纸上读到一篇文章，说北美洲的婚姻中最大的秘密就是有许多夫妻是分房睡的。我从这篇文章中得到了一点邪恶的快感，庆幸虽然我和妻子之间有些问题，但还没有到分房睡的程度。不过我的小小快感并没有维持很久，因为我了解到如果我不能克服这种停滞状态以及想要放弃的念头，光靠我的骄傲是无法挽救我们的亲密关系的。我必须回答几个重要的问题。为什么在亲密关系中想要越来越亲近是那么困难呢？为什么我老是遇到障碍，而且觉得自己很失败呢？我该怎么突破这道墙壁呢？

你可能也有同样的经验，也许是在亲密关系上，或工作、创造力、灵性和对自己的感觉等方面。以下是"被墙困住的生活"所具有的一些症状：

难以捉摸的倦怠感。

无聊。

精神、心理或生理上的疲倦。

生病。

困惑或失去重心。

对大部分事物都失去兴趣，特别是对伴侣。

有放纵自己从事不需动脑的娱乐或追求感官享受的倾向，甚至成瘾。

上瘾的行为变本加厉。

过度的幻想或做白日梦。

性生活死气沉沉（包括性功能障碍）。

令人沮丧的无价值感。

排斥伴侣或觉得被伴侣排斥。

外遇或三角关系。

想逃离、放弃，甚至想死。

沮丧，对生活失去热情，或觉得自己或亲密关系已经燃烧殆尽。

忙碌——你很忙或伴侣很忙，这样能让你们很自然地避免花时间在一起。

自我放逐，觉得不管你怎么做都不能改变什么。

其中一方诉请离婚。

其中一方想杀死对方。

在内省阶段中遇到无形的墙时，生活可能会变得十分艰难。这是毋庸置疑的，但人类似乎有让困境更加恶化的倾向，因为我们会用最不健康的方式来面对逆境。人们会这样做，有一个主要原因是，当一个人被墙壁挡住去路时，他/她总会认为亲密关系出现了无法补救的问题。通常就是在这种时刻，案主会对我说，一开始决定和对方结婚就是个错误。以下是他们所提出的一些解释：

我没有真的爱过他，就连我们刚认识时也没有。

我跟她结婚只是因为厌烦了约会。

他事实上没有我想象中那么热情。

我们结婚的理由，没有一个是对的。

她刚好出现在我失恋、心情低落的时候。事实上我仍然爱着安妮。

我以为他跟我结了婚、安定下来之后会改变。

我是中了她的计才会娶她。

我们结婚的时候，两个人都太年轻了。

是双方父母逼我们结婚的。

除了她就没有别的人愿意跟我在一起了，所以我只好娶她。

我结婚只是为了逃离我的家人，不管嫁给谁都好。

上面这些理由虽然说辞不同，但所传达的信息却是相同的，那就是：这是个错误，我们一开始就不应该结婚。当然不是每个人都会对当初与另一半交往的原因放马后炮。有些人并不后悔结婚，而只是对目前的亲密关系不满，他们的抱怨往往是这样的：

我已经不爱他了。

我们之间已经没有火花了。

我觉得好像跟我妈住在一起一样！

我们没有什么共同的活动了。他整天看报，我则是看电视。

我觉得我好像嫁给了爸爸。

我们的亲密关系让我有幽闭恐惧感——我觉得不能呼吸！

我们已经不知道该怎么跟对方说话了。

我厌烦了老是当牺牲奉献的一方！

她已经不是我娶的那个女人了。

喂，性爱怎么不见了？

爱火已经熄灭了，我想是该离开的时候了。

到底发生了什么事？我们哪里做错了？

以上这些叙述，让人不难感觉到，在亲密关系遇到墙壁时所造成的深切的失望、挫折和倦怠感。不管两个人在社交场合，如派对、工作场所或聚会时表现得多有活力，只有在两个人私下相处的时候，才能真正看出两人的亲密关系到底处在怎样的停滞状态。停滞、死气沉沉、缺乏兴趣或燃烧殆尽的感觉是亲密关系遇到墙壁时最早出现的信号，这时候我们必须开始内省——或"寻找灵魂"——才能让亲密关系继续成长。

如果你现在就身处这种情形，或是将来遇到的时候，你必须非常谨慎地选择响应的方式。也许这说法很难让人相信，其实亲密关系出现停滞状态，意味着你的生活即将发生很大的变化，变得更好。我在亲密关系、工作、友谊，以及自我成长等方面，都度过了许多被墙所困的日子——所以我对这道障碍的一砖一瓦都非常熟悉。我发现，要在墙的阴影下过多久，总是由一个选择来决定。

说实话，我一直觉得自己是有选择权的：我可以留下来继续受苦，或者溜之大吉——跑！快跑啊！最后我才了解，我其实不必一再逃离亲密关系、辞职或逃离让我觉得受到阻碍的事物。有一条路可以"穿越"障碍，它是一个选择，是在我身处两难处境之外的另一条路。要充分了解这个选择，让我们先来看看这道"墙壁"到底是什么。我给这道墙起了个名字，叫作"受害者监牢"。

受害者监牢

"来吧，让我们前往监牢。虽然只有我们两个人，我们还是可以像笼中鸟一样歌唱。"

——莎士比亚，《李尔王》

个人感觉，"受害者"这个词让我很不舒服，因为它让我联想到虚弱、无助和恐惧，而我并不愿意承认自己心里有这些感觉。然而这是我能想到的词当中，最适合解释为什么在旁观者看起来很容易解决的问题，却能让当局者身陷其中而走不出来。当遇到一个问题的时候，你只能用三种身份来看待它。史蒂芬·卡普曼设计了一个简单的模型，叫作"戏剧三角形"（the Drama Triangle）。我采用了这个模型的基本概念，并对它做了小小的修改来配合本书的内容。（见图六）

遇到问题的时候，你首先会采取的位置是"受害者"，即使只是短短的几秒钟。受害者也必须与庞大的力量对抗，但是除非有外

如果这个问题不存在，我会有怎样的感觉？

——想象 ——宽恕 ——允许　　　　　——惊奇 ——玩耍
——分辨 ——了解 ——信任　　　　　——接受 ——行动步骤

1——拯救者

帮助者，实行者，修复者，慷慨的救济者，牺牲奉献者，计划者，寻求解决者，分析者，指导者，道歉者，维持和平者，宽恕者，取悦他人者，慈善的在高位者，能干者，"有知识的"驱策者

2——迫害者

不耐烦的训练官，恶霸，嘲讽者，理直气壮的完美主义者，多疑的在高位者，愤怒的，喜欢批评的，虐待的，严苛的，责怪者

```
      1        2
        卡普曼

        三角
          3
```

3——受害者

代罪羔羊，叛逆者，依附他人的，丧失行动力的，可怜的，绝望的，沮丧的，受虐的，倦怠的，怀疑自己的，受伤的，依赖的，忧郁的，放纵的，受到不公平对待，自艾自怜，停滞不前的抱怨者

——有创造力的　　　　　——感受重要的感觉
——选择你真正想要的　　——去爱痛苦
——说出不争的事实　　　——悠哉

▼

图六

力"奇迹般地"出现来帮助受害者，否则单凭自己的力量，受害者几乎没有成功的可能。受害者经常觉得被问题压得喘不过气来，甚至到完全瘫痪的地步。还有其他指标可以让你知道你已经成了受害者：恐惧、自悲自怜、有抱怨的倾向，或觉得自己被当成代罪羔羊——为了你不曾犯下的错而受罚。受害者的其他特征，在图表上有详尽的描述。当一个受害者，实在是一点也不好玩。处在受害者的位置，不管时间长短，都会让你害怕再次受到不平等待遇、被处罚以及其他形式的牺牲。毕竟，一个受害者除了被牺牲以外，还能对自己的生命有什么期望呢？

于是，人类处理问题的机制会驱使你采取一个比较好的位置来处理你的问题。这时候，"迫害者"的角色就登场了。心存责怪、自认优越、追求完美的迫害者会愤怒地设法逃离痛苦，于是他会把问题怪罪到别人的头上。只要你可以找到人来怪罪，就可以不被惩罚——至少可以暂时躲一下。这在运动竞赛中经常发生。输的那一队（受害者）通常会非常懊恼（迫害者）。你会看到他们责怪裁判不公，攻击对方球队中他们认为"作弊"的球员，或是批评自己的队友所犯的错误。但是最后，每个队员都必须把计分板上的败绩扛在自己的肩膀上，一路走回更衣室。进到更衣室后，受害者会扪心自问，并且责怪自己"表现不够好"，不能让球队得到胜利。

但是你为什么要迫害自己呢？纯粹是因为你已经没有人可以怪了，而迫害自己可以让你不必感受当受害者的悲惨。你是否曾经在犯错的时候抽自己嘴巴或打自己的头呢？你会不会因为一个小疏忽而骂自己笨，或对自己骂个不停？这就是你心中的迫害者在压抑你心中的受害者，同时也驱策你进步。坚持完美主义的迫害者认为，受害者的不完美是所有悲惨之事的肇因。愤怒则让你得以否认所有痛苦感觉的存在，而强迫心中的受害者站起来继续努力追求进步。迫害者用理直气壮的态度来鼓舞自己，让自己跟软弱的受害者保持距离。

但是即使这样，你仍然过得很惨。虽然有些人并不介意一直活在愤怒和严苛的完美主义之中，但大部分的人还是希望过得快乐一点。这也就是"拯救者"现身的时候了。现在想象一下，如果你觉得肩膀酸痛，你会做的第一件事是什么？你可能会用手找到酸痛的位置，并且按摩那里。如果酸痛真的很严重，也许你会找别人来帮你按摩。你也可能会寻求脊椎按摩师、物理治疗师或医生的帮助。你并不知道造成酸痛的原因，但你会试着改善酸痛的情形。而当你在寻求解决方法时，你可能会偶尔抱怨一下（受害者），甚至对造成酸痛的可能原因——像是枕头或床垫太软——生气（迫害者）。但是你现在最关心的事是把酸痛治好（拯救者），因为你只想让痛苦消失——即使你永远不会知道造成痛苦的原因。

我们心中的拯救者所做的事，就是努力地让我们处在没有痛苦也没有问题的理想境界。拯救者最正面的态度，是除了同情受害者之外，也同情迫害者，并提供有益的忠告。身为一个高高在上的慈善者，拯救者会牺牲奉献，"随传随到"，好像他自己都没有需要处理的问题。拯救者会用分析、周密的计划、容忍和卓越的道德感，来帮助受害者站起来并继续向前走似的。拯救者乐观地相信，受害者有一天一定能恢复独立，不再需要别人的帮助！拯救者总是努力地设法平息迫害者的愤怒与不满。许多人都不明白，其实拯救者的态度才是让受害者保持软弱无助，且让迫害者得以放纵脾气的原因。有受害者和迫害者的存在，拯救者的存在才有其必要。

当生活中出现问题时，你可能会在"受害者监牢"里不断转换角色，在选定自己的角色之后，再借助周遭的人来填补另外两个空缺。有时候你会改变角色，而使得另一个或另两个人也跟着玩起大风吹游戏。不论何种方式，你都会体验到自己心中同时存在监牢中的三个角色，或看到这几个角色投射在外在的世界。举个例子来说，有一天早上我醒来时觉得肩膀很酸（问题）。我爬下床，喃喃自语地抱怨（受害者）。在我走往浴室的途中，我开始对自己的身体生气（迫害者），并且开始猛力按摩肩膀（迫害者／拯救者）。洗澡的时候，我用热水冲肩膀冲了很久（拯救者）。洗好之后，我坐在床上向妻子抱怨（受害者），然后妻子开始替我按摩肩膀（现在她成了我的拯救者），并且对我说一定是床太软的关系（迫害者），应该换一个新的（拯救者）。接着我打了电话给几个专业的"拯救者"——按摩师和脊椎按摩师，并花了一个月的时间接受他们的治疗。就这样，我让自己一直待在"受害者"的位置。但是，至少我是一个有诚意的受害者吧！我注意自己的身体，而且用我认为合适的方式来照顾它，包括吃止痛药、用肌肉松弛剂（拯救者）以及寻求更多的专业治疗。一位草药医师小小地批评我（拯救者／迫害者）运动过度，而且糙米吃得不够。

然后，有一天我去找一位物理治疗师。很巧，这位治疗师有不寻常的直觉，你猜她对我说了什么？她说我的问题并不在肩膀，而是胆囊的问题，是胆囊透过某些组织与肌肉间的奇怪关联而影响到我的肩膀。于是接下来的两个月，我都让这位物理治疗师来治疗我的胆囊。在经过长期治疗之后，她对我说，她能做的都已经做了，但是就她看来，问题的原因是在心理层面。她建议我去找心理咨询人员谈谈。"等一等，"我心想，"我自己就是心理咨询人员啊！"在肩膀酸痛了四个月，看遍各种医生之后，我又回到了原点。这期间我所想的只是怎样让身体恢复正常，却忽略了身体的信息——身体要告诉我一些重要的事，疼痛只不过是引起我注意的方法而已！

在亲密关系的内省阶段，你有机会了解到问题其实只是个指标，它指出远比受苦的人本身还要重大的事物。你得到了离开"受害者监牢"，并且了解真正自己的机会。问题是，当到达内省的阶段时，你往往已经由于不断的角色转换而无法集中注意力，而且身心俱疲。到这个时候，你已经完全把内心的监牢投射到亲密关系上了。换句话说，你现在把亲密关系看作监牢。

在这个时候，你的拯救者往往已经非常疲惫了，只要看看你自己或伴侣就可以知道——你们其中一人已经又累又失望，再也没办法为了"让亲密关系成功"而付出了。当你们对望的时候，其中一人可能会立刻变成迫害者，因为只要一看到对方就觉得讨厌。另外一人则很可能用沉默或明说的方式，来抱怨（受害者）对方缺乏关怀、热情、沟通，或不关心两人的感情现状。还有些时候，其中一人怎样也不肯承认有问题存在（拯救者），而让另一人觉得自己好像被施恩惠、不被倾听、被忽视或被遗弃（受害者）。这却也是你们向对方寻求慰藉（拯救者）的时刻。

　　会发生这样的结果，其实早在"月晕现象"的阶段就有迹可循
了，只不过当时被浪漫冲昏头的你，一定会否认或忽视这些警告。
而到了"幻灭"的阶段，扮演受害者、迫害者或拯救者的倾向会变
得更明显，但你的响应方式往往倾向于用操纵的力量来改变对方，
而不是为自己的"受害者监牢"模式负责。如果是这样，那么等到
"内省"的阶段，一切似乎都显得太迟了。你可能早已深陷在无益
的互动模式里，在你的受害者监牢里建起保护自己的壕沟（或自我
麻痹），而安于这种舒适状态，很快你就会相信，除了分手，没有
更好的解决方法了。事实上，你是有另一条路可以选的。

　　我曾经体验过脱离监牢之后的墙外的生活。我并不是以懂得公
式的拯救者的身份来说这句话的。亲密关系是没有公式的，因为每
个人都是独特的，没有哪一种方法可以适用于所有人。不过，虽然每
个人都是独特的个体，但还是有一些原则是共通的。这些原则如下：

　　1. 要解决问题，必须先跳脱问题的框架。

　　2. 所有的问题，其实都是经过伪装的礼物和宝贵经验。

　　3. 你所看到的每件事，都是你内心世界的投射。

　　4. 每个人都有能力为自己生活中遇到的事百分之百负责。

　　5. 自由并非来自答案，而是来自问题。

　　6. 没有什么问题是大到爱无法解决的。

　　如果逐条检视这些原则，你可能会像我一样，发现自己在遇到
问题时经常犯的大错误：

1. 要解决问题，必须先跳脱问题的框架。

卡尔·荣格常说，问题不能被解决，但人可以成长从而跳脱问题。爱因斯坦在物理学上也有类似的观点——要解决问题，必须先跳脱问题的框架。扮演拯救者的时候，你以为自己可以想出办法来解决所有的问题，但事实上，拯救者本身也是问题的一部分。因为这样，所以你会相信世界上真的有受害者，他们如果得不到帮助（包括经常聆听我们祈祷的"神"），就没办法突破自身所受的限制。这等于否认了一个非常重要的可能性——每个人的心中都拥有他们所需要的所有事物。其次，拯救者只不过是受害者所创造出来的人物。创造拯救者的目的，是为了逃避痛苦、感觉自己很重要，以及得到"正面"的感觉。拯救者的存在，恰好能与迫害者及受害者的负面特性产生互补的作用。所以，拯救者是为了应付问题才产生的，因此他永远只是问题的一部分。他会四处寻求答案，但他能仰赖的只有旧的"知识"，所以他依赖的是过去，而不是当下的决断。

让我们来看一个实例。有一次，我不小心用一把锋利的刀割到自己的大拇指。我一时之间不知道该怎么办，只能依赖小时候得到的知识，于是我把拇指放进嘴里吮吸。然后我又想起来，冲冷水也有帮助，所以我就把拇指放在水龙头下用冷水冲。这两种方法，对我当时的伤口都只有坏处，没有好处。最好的办法应该是在伤口靠近心脏的那一边施加压力，但是我心中的拯救者并没有这样的常识。他只能依赖旧有的信息来试着解决问题。突然我心中有一个声音对我说，最好找个救兵。于是我打电话给一个受过红十字训练的邻居。在我昏倒之前（我割到了神经）她及时赶到，用正确的方法帮我处理了伤口。除了问自己之外，我必须另外打开一个知识来源，才能学会正确的处理方式。面对所有无法解决的问题时都一样。问题不能够解决，是因为我们在非常有限的知识来源中寻找答案，却不懂得运用我们的想象力和直觉来突破问题的框架。只依赖旧有的知识，人们永远没办法成长——唯有吸收新知识才能成长。

2. 所有的问题，其实都是经过伪装的礼物和宝贵经验。

你也许已经注意到了，每次妥善地解决问题之后，你都能学到一些重要的东西，生活也变得更丰富了。也许你变得更自信、更聪明，学会相信生命，或是发现了自己的一项天赋。如果你没有得到（或不懂得珍惜）一份礼物或宝贵的经验，往往是因为这个问题让你失去的事物，是你不肯放弃的（这种现象最常见于失去了至亲的人身上）。

在解决问题、得到礼物或经验之后，我了解到，生活中出现危机的原因，其实是因为灵魂要发放礼物或经验。每当灵魂向它的目标迈进一步，危机就会发生。至于灵魂的这一步所造成的痛苦会有多深，完全视我愿不愿意降服而定。如果问题会让我失去些什么，而我却不愿意放弃，那么我就会与问题对抗；而与问题对抗，就会耽搁我得到灵魂赠礼的时间。如果事情这样发展，那么我就只得受苦了。

曾经有几次，在遇到问题的时候，我会问自己的灵魂，是不是有什么礼物或经验要给我。我很快就得到了答案，并决定接受这份礼物。做了这样的决定，就能大幅缩减解决问题、得到礼物所需的时间。我相信其中的原因是，遇到问题时，我总是习惯于用忧虑、紧张、恐惧、慌张或是完全的恐怖来面对。恐惧的反应带来的则是挣扎、疑惑、拖延，以及抗拒问题。这样一来，我就会耽搁许多时间才能解决问题。然而，如果心中能将精神集中在即将得到的礼物上，就能产生希望和信任，它们会安抚我的恐惧，让我用有效的方式来处理问题，而不受迫害者或拯救者的影响。

3. 你所看到的每件事，都是你内心世界的投射。

如果你觉得伴侣在迫害你，不管是用攻击、批评、责怪、嘲讽或其他的方式，那么请仔细地聆听伴侣对你说的话：有什么是你心里的批评家没有说过的吗？如果伴侣是拯救者，那么他／她给你的忠告，有什么不是这么多年以来你没有告诉过自己而又拒绝了的吗？而如果伴侣扮演的是受害者的角色，那么你难道不觉得对方和你自己——即使是很久以前的、早已被遗忘的小时候的你——很像吗？是不是你无法接受的那一部分自己，在很久以前被你埋葬，现在却反映在伴侣的身上呢？

在所有挑战中，"受害者监牢"的三个层面都会存在。人们会扮演你在戏剧三角形中的角色，这反映出由你的心智所创造的陷阱。有时候你会扮演迫害者，用理直气壮的愤怒来攻击伴侣。有时候你会分饰拯救者和迫害者两角，试着用"野蛮的爱"把你的受害者伴侣从困境中解救出来。或者你也可能扮演拯救者，尽一切力量去鼓舞你的受害者伴侣。有时候你会变成受害者，向你的拯救者伴侣求救，但伴侣突然失去了耐心，转换成迫害者的角色。还有些时候，你扮演的受害者会一面求救，一面却又拒绝接受帮助。

如果检视一下受害者、拯救者和迫害者表达自己的方式，你就会发现，三者之间可能发生的互动情形，有数不尽的排列组合。但如果你能了解，监牢中的这三个角色都是你内心所创造出来的，那么你就能不再扮演受害者。这样你就能明白，你自己就是问题的原因——是你的灵魂往前迈进了一步，所以让现状起了大变动。然后你就可以选择，是要和灵魂合作，还是要继续玩受害者／迫害者／拯救者的游戏，而让问题继续存在。

4. 每个人都有能力为自己生活中遇到的事百分之百负责。

只有当你愿意为发生在自己身上的事完全负责的时候，你才能得到选择的力量。我并不是以一个无时无刻都百分之百负责的人的身份在说这句话。不同的时刻，选择也会不同。然而，一旦我确定了意向，决定要完全为自己生活中的事负责，我就能得到平静和清明的心智，做出对每个人都好的选择。对问题百分之百地负责能让你得到力量，跳脱三角监牢，跨入自由的天地。我把责任的态度划分成以下几个阶段：

① 这个烂摊子是别人的责任，所以应该来收拾残局的是他们。

② 这个烂摊子是别人的责任，所以他们是坏人，我只是个无辜的受害者。

③ 这个烂摊子是别人的责任，现在，虽然受害的是我，我却必须收拾残局。

④ 这个烂摊子是我造成的，可是我实在没办法控制自己。

⑤ 这个烂摊子是我造成的，可是我可以超脱这种情形。

⑥ 这真是个烂摊子。我该怎么处理呢？

⑦ 烂摊子在生活中经常会发生（耸耸肩）。你要学会怎么处理。

⑧ 这个烂摊子不是任何人的错。我有能力处理它，并在过程中让自己成长。

⑨ 这个烂摊子是我引来的。现在我可以做出对自己较好的选择。

⑩ 我创造了这个烂摊子。

这个烂摊子是我的一部分。

我得到平静了，真的！

在我们因了解而成长后，"责任"这个词的含义也从罪恶和羞耻变成回应和自由。

5. 自由并非来自答案，而是来自问题。

《从已知中解脱》是一本记录了克里希那穆提讲道内容的好书。书中指出，我们已知的事物并不能让我们得到平静，或让我们了解自己是谁。只有在我们把误认为是"知识"的答案都抛开时，我们才能得到无限伸展的自由。

从小我就觉得上学很无聊，除了高中时的一堂历史课之外。我们的老师韦纳先生要求我们质疑有关时事、政治、历史，以及学校的、一直被我们视为事实的所有事物。他坚持的理念是，要得到真正的知识，必须提出问题、超脱已知事物。到那时为止，我在学校所学的大部分知识都是别人提供给我（有时甚至是硬塞给我的），要我背下来的东西，我并没有发问的余地。然后，韦纳先生出现了，他问了一个我无法回答的问题："你怎么知道，你现有的信息和知识，是不是真的？"一旦离开了"受害者监牢"，你就能自由地体验纯真的生活，不受信念的限制。你可以真正地了解自己。"你必须了解真理，真理会让你自由。"

了解自己的过程，从问问题开始——探询在信念之外的其他可能性的问题，如："这件事的事实是什么？""有什么礼物或经验，是我的灵魂想借着这件事赐给我的吗？""我该怎样才能平静地接受痛苦？""有没有什么能解决冲突的、不争的事实是我可以向伴侣表达的？""我真正想从这个状况中得到的是什么？""我该怎么去爱我的伴侣？""我现在所能感受到的最重要的感觉是什么？""我现在该采取什么行动？""我是不是该宽恕什么人？""我该从这个状况中了解到什么？"

以上是这类问题的几个例子。如果能用天真无邪的心来问这些问题，你就能从已知中解脱，进入直觉——灵魂思想——的领域。一旦进入了这个领域，你就能找到解决问题的最直接的方法，并体验到自觉的爱。

我提出的问题大都是以"什么"或"如何"为关键词，但也可以用"谁""何时"或"何地"来构成问句。有一个在使用上必须特别小心谨慎的词是"为什么"。这是受害者在抱怨或表达无力感时最爱用的词，而且一个"为什么"常会引来更多的"为什么"。我并不是说这个词少用为妙，如果用纯真的心来表达，这个字跟其他的疑问词是具有相同的效果的。

6. 没有什么问题是大到爱无法解决的。

这项原则不需要解释，只要我们能真心相信自己的灵魂就行了。

我改编过的卡普曼三角形，用来说明人类的"自我"所创造的，导致亲密关系中出现嫌隙的陷阱，是再清楚、简单不过了。为了消除嫌隙，我们必须做出自觉的选择，与伴侣、朋友、亲戚甚至陌生人更亲近，而这是身陷三角监牢里的人所做不到的。这是因为不管你选择三角形中的哪一个位置，你都会决定"配角"所扮演的角色。有时候你可以借由与伴侣分享同一个位置，假造出亲密的感觉。如果跟伴侣分享的是受害者的角色，你们就会创造一个共同的迫害者；如果想两人一起扮演拯救者，你们就找一个受害者来让你们拯救；而如果想一起当迫害者，你们只要找一个代罪羔羊就成了。

但是，害人终害己，受害者监牢终究还是会伤害到你们的亲密关系，而假造的亲密感会消失，让你们不得不面对彼此。

受害者监牢就是为了阻挠真正的亲密关系而存在的。这种阻挠是一种考验，考验你追寻真理的决心。不管你是受害者、迫害者，还是拯救者，不管你如何为自己扮演这些角色找理由，一切都不是重点。除非你愿意舍弃监牢带给你的不真实的安全感，转而寻求真理，不然你永远也无法穿越墙壁。想要体验真理，只要开口问就行了。如果你问的问题是只有你的心和灵魂才能回答出来的，这就代表你的选择是要了解真理，而你想要找到答案的决心，就能让你穿越墙壁而得到真正的亲密关系。

"受害者监牢"中的陷阱虽然很复杂，但要得到自由却很简单，只要有诚恳的意向就行了。让我们再多看几个陷阱的例子，并探讨选择真理所带来的让人自由的可能性。首先，让我们来看看"左右为难"的状况。

左右为难

"有的人走这条路……有的人走那条路……至于我嘛，我比较喜欢走近路！"

——迪斯尼《爱丽斯梦游仙境》中的胖猫

刘易斯·卡洛尔原著

"左右为难"的情形，发生在你必须在两个可能当中选择一个的时候。问题就在于，不管选了哪一个，你都会觉得自己失去了某样重要的东西。让我举几个案主的例子来说明。

有一个男人有一份稳定的办公室工作，但是他又想成为一个艺术家。如果他选择艺术创作，就可以做他真正喜欢的事，但是这样，他的经济状况就没有保障了。如果他继续坐办公室，那么经济上就很有保障，但是不能从工作中得到任何乐趣。该怎么选择呢？是做自己喜欢的工作，而放弃经济上的保障？还是选择经济上的保障，而不去做自己喜欢的工作？

一位已婚妇女跟一个热情、充满了爱的男人有了外遇。她左右为难，不知道该留在丈夫身边，继续忍受不愉快的感情和性生活，还是选择在精神和肉体上都令人满足的亲密关系，却失去有老公和孩子的稳定家庭生活。

一个年轻人在父亲的银行上班，但他在精神上不满足，希望了解自己生命的真正目的。他的困难是：如果辞职，他就能追寻他的梦想，但他的父亲会很生气。如果留下来，他就能让父亲高兴，但是他害怕这样一来，他可能到老了都还不知道自己生命的真正目的，从而后悔莫及。

一位开餐厅的母亲，育有一儿一女，但儿女之间的感情不睦。母亲想要退休，把餐厅的生意交给两个孩子来共同管理，但他们拒绝，坚持要她在两个人当中选一个来继承事业。当然，两个人都认为母亲应该选自己。她要怎样才能选择其中一个，又不会让另一个生气愤恨呢？不管她怎么选都是输的。

一个公司老板必须决定要不要把公司扩展到别的国家。如果不扩展公司，他就可以有很多时间跟家人在一起，但是他的竞争对手将会把公司扩展到那个国家，而让公司成长壮大，这样一来，他的公司就会走下坡，甚至关门大吉。如果扩展公司的话，他就没有什么时间跟家人相处了，不过他可能会得到更大的成功。

身为一个旁观者，你可能看出了简单的解决方案，或至少明白自己在遇到这些情形时会怎么做，但是你有没有跟身陷困境的人谈过呢？不管你给他们什么建议，他们都能找到很好的理由来解释为什么这个方法行不通。如果你不知不觉地充当了拯救者的角色，你很快就会充满挫折、失败感而举双手投降，甚至有可能摇身一变成为迫害者，批评左右为难的受害者太软弱、太优柔寡断。想象一下你（拯救者）和身处三角关系，夹在忠厚老实（她认为是无趣）的丈夫和热情的爱人之间的妇女的对话是这样的：

你：如果你已经对丈夫没有任何感觉了，那为什么不离开他呢？

妇人：我不能这么做。我不能让我们的家庭破碎——这样会伤害到我们的孩子！

你：那你为什么不留下来，想办法挽回跟丈夫之间的感情呢？

妇人：我已经试了好多年了，一点用都没有。他根本就不想解决我们之间的问题。

你：这样听起来，你的婚姻好像是没救了。那你为什么不寻求和平的离婚方法呢？

妇人：可是我很怕自己一个人出去闯荡——尤其现在失业率又那么高。我的新丈夫赚的钱又不够养家，我必须出去工作，可是我又没有一技之长。

你：那你只好留下来了。

妇人：可是我实在没办法留下来啊！他实在太无趣了……而且一点也不关心我的需求！在我们的亲密关系中，总是我在尽心尽力，他却什么也不做！

你：那你还是投向你爱的男人比较好。

妇人：但是我也不确定跟他在一起就能幸福快乐。我的意思是，我爱这个男人，我想我爱他。他是个上班族，可是他想当艺术家。

如果他决定辞职，那么他要怎么养我和孩子呢？而且，我也不知道他要不要小孩。

你：听起来你好像对这个男人也没有多少信心。也许你还是留下来，想办法维持现在的婚姻比较好。

妇人：我很想，可是我不能！

你：那就离开吧。

妇人：我很想，可是我不能！

你：我放弃！

"左右为难"是不是人类自我的一项很伟大的发明呢？这是耽搁你生命的最有效的工具了，而且这种耽搁既没有益处又令人沮丧。左右为难的情形，往往会把简单的选择变成峰回路转的戏剧情节，这样当事人就会分心，而看不出这种情形所造成的真正影响。到底是什么样的影响呢？影响就是让你无法寻求真理。又是什么让这种影响日渐壮大呢？是你对真理的恐惧。

从上例中可以看出，让这位妇女无法做出正确决定的就是她的恐惧。基本上所有的恐惧都是害怕会失去某些东西，这位妇女也是一样。她怕的是失去她所熟悉的，给她安全感和安慰的事物。她害怕对丈夫付出无条件的爱，因为这样她所熟悉的"受害者监牢"的墙壁将不再存在。她也害怕结束婚姻，并因而失去令人安心的可以预测的稳定家庭。她害怕一个人过日子，因为这样会剥夺她所认同的自我形象——即使这个形象是一个受惊的、没有安全感的、没有长处的女人。左右为难的情形会让受害者更深信自己是受害者，也让其他人都害怕在生命中有所进展。

要突破左右为难的困境其实很简单。首先，要选择真理。还有就是要愿意接受两个选择中的任何一个，或是两个都不选。这一点非常重要，因为两难的境地往往会让你相信你就只有两个选择，再没有第三条路可以选，但如果你愿意两个都不选，而且决心追寻真理，你就可以从困境中解脱出来，并发现无尽的可能性。在这个理论中，我把真理定义为能为每个人带来最好的解决方式的事物。在上例中，与其让孩子感觉父母为了他们而牺牲自己的幸福，离婚也许是更好的选择。不让孩子们生活在谎言当中反而比较好。也许离婚对丈夫也比较好，因为在他吸取了教训，知道自己的错误会对亲密关系造成多大的伤害之后，他可以重新开始。而如果这位妇女能够面对自己在工作能力上的不安全感和恐惧，她可以更了解自己以及自己真正的能力，这对她也是非常有益处的。

又或许，对大家都好的选择是，她留下来，并且接受她丈夫现在的样子，而不是期望他改变。这样她的孩子也会有个好榜样，了解到真正的亲密关系是什么。她和丈夫也将得到机会，去了解爱如何能让亲密关系起死回生。她的情人也将有机会和一个未婚的女人去发展一段可以开花结果的亲密关系。

事实是，除了那位妇女自己之外，没有人知道怎样做对她、她的家庭以及她的情人才是最好的。答案就在她的心中，可她听不到灵魂给她的信息，因为恐惧扰乱了她的思想。如果她愿意在两个选择中任选一个，或都不选的话，她就能得到平静，平息恐惧，并听到自己心里的声音。两难的境地会让人既排拒现有的选择，同时又不肯放弃它们。这也就是让你陷入困境的原因。

　　在两难的时候，如果你能不把自己当作悲剧的主角，并且表达决心，像这样说："我愿意接受这两个选择中的任意一个，或都不选。我最想要的东西就是真理。"那么只要你是诚心的，你就能自然地了解到下一步该怎么做。也许那位妇女会离开，也许她会留下。也许她会决定跟丈夫分房睡一段时间，也许她会和丈夫分居，或重新开始和他约会。不论如何，有一件事是确定的，她的心引导她去做的事，不管造成多大的骚动，都将会为每个人带来好的影响。如果你真的想要真理，真理就会自己找上门。

对家庭死忠

"因爱而结合的家庭是没有家族牵系的，因为所有的牵系都是一种束缚。"

——克里斯多福·孟

　　我在这一节里所要写的内容，将会指出一个人对家庭的死忠会造成诸多限制，这很可能会让你觉得我亵渎了神灵。如果是这样，那么你可能是把忠诚和爱与承诺联系在一起。除非你能真心地去爱家中的每一个人，否则，我想你是不可能真正快乐的，更不可能得到启迪。但是，如果你死忠于家中代代相传的处理感情及问题的方法，你就没办法自己做出负责任的选择；相反地，真正爱你的家人，则能让你自由地顺从你的心来做事。

　　对家庭的死忠有许多表现方式，包括你遵从的戒律、做出的牺牲、采取的信念、接受或拒绝的人，以及处理事情的方式等。这些都是在你出生的家庭中形成的。死忠的人常说这样的话："我小时候，大家就是这样做的。"对家庭的死忠是这样形成的：借由模仿父母、兄弟姐妹或亲戚的言行来塑造自我，进而在家庭中得到或好或坏的一席之地。

虽然我们为了得到家人的接受和归属感而模仿他们的言行举止，但我并不相信这是一个自觉的选择。我们小时候的学习大都从模仿得来。所以很自然地，当需求没有被满足而感到沮丧时，我们就会模仿周遭有相同感觉的人的处理方式。模仿"家族的方法"这个决定，迟早会和潜意识中想要活下去的需求结合在一起，因为我们认为在家庭中没有一席之地就等于死亡。为了保住自己的地位，我们会努力地依照代代相传的标准模式来塑造自己。然而，因为这种塑造的过程是出自对归属感的需求，所以它会掩盖我们灵魂的真正目的，并埋没我们的天赋。

我所谓"天赋"的意思，是指借由创造性的想法、言语或行为而体验到的天生的才能。受到天赋影响时，你会感受到很深的喜悦或目的从你的行动中散发出来。即使你已经做过同样的事许多许多次了，但如果运用天赋的话，事情就会做得独特而有创意。但如果本着对家庭的死忠来做事，你就是照着固定的模式、规则和信念在行动，这些模式和规则在过去也许是必要的，但现在只会对你造成限制，没有任何益处。你遵从这种想法和行为的法则来确保你在家庭中的位置。背离这条法则而寻求自己的本质，一开始可能会造成强烈的背叛感，而让许多人痛哭流涕。

在工作中，我遇到过一些身为医生、律师、银行家和政客的人，他们投身于各自的行业，纯粹是顺从家人的期望。我也遇到过另外一些同样做这些行业的人，他们的动机是自己的兴趣。在心灵的平静与真正的成功这方面，这两种人有天壤之别。但是，谁比较爱自己的家庭呢？自由选择职业的那些人，往往跟家人处得比较好，也比较感激家人。而那些依家人期望而选择职业的人，对家人的感情则比较含糊不明。

对家庭的死忠，就像左右两难的境地一样，会让我们停滞不前，无法在生活中有所进展。两者唯一的不同之处是，两难的境地会让人在两个选择之间来回游走，但死忠则让人根据固定的模式来行动。

如果你选择职业的动机只是为了归属感，而不是由于真正的兴趣，那么你在工作中得到的可能会是非常世俗的体验。很多人喝酒是因为他们的父母也喝，很多人从事蓝领工作是因为他们的家族都是蓝领阶级，甚至有些人开福特车是因为他们家所有人都开福特。这些人做出的选择，究竟是由于自觉的原因，还是因为深信他们"就该"这么做？以下的例子取自我在北美洲及亚洲所开研讨会的参与者，这些例子说明了对家庭的死忠会在我们身上造成多大的影响：

一位女士觉得她所选的男友必须符合父母的要求。

一位男士抱怨说，他还年轻，很想花几年的时间出外去旅行，却不得不接管家里的生意。

一位女士发现，因为她扮演的是"家中用人"的角色（料理家务、照顾弟妹；为了让父母都可以出外上班，以及让弟弟可以读大学，她自己只读到小学就没有再继续上学），所以她在重要的朋友关系及亲密关系中，常常落入卑屈的模式。她没有结婚，而且迷失了方向，不知道该做些什么。

一位男士觉得要戒掉隔三岔五就上酒吧喝几杯马丁尼的习惯很难。他发现自己有这种习惯，全是因为遵循父亲和祖父的惯例。

一位女士说话总是很小声，因为小时候家人不许她太大声说话或太引人注目。她也不敢向老板要求加薪，因为这样会引起别人"特别的注意"。

许多在"谨慎的双亲"照料下长大的案主发现，当他们年龄愈长，就愈害怕在金钱上、职场上及亲密关系上冒险。

在不允许表达强烈情绪——不管正面或负面——的家庭中长大的男性与女性，长大成人后很难了解自己的感觉，当然更不可能将感觉表达出来。

在研究这些死忠案例后我发觉到，在我自己的亲密关系中——尤其是我不快乐的时候——我也会模仿许多的"孟氏行为"。我会像母亲一样，用沉默来表达愤怒，也会像父亲一样冷嘲热讽。我还会假装不在意我的失望感（事实上对我的伤害很大），避免社交上的冲突，为钱而烦恼，过度保护孩子，说笑话来化解不自在的场面，在跟妻子权力斗争时生闷气，等等。我开始清楚地了解到，自己的态度和举止跟母亲、父亲或兄弟姐妹简直如出一辙。

这种情形所造成的问题是，我会自动做出这些行为，连想都不想一下。我原本应该想一个有创意的、自发的、充满爱和真理的方式来处理事情，但我却不知不觉地落入了模仿家人的模式。

要怎样才能知道你是不是被死忠的观念所限制呢？方法很简

单：如果你没有表达出你真正的天赋；如果你所做的事没有创意，也没有受到启发；或者，如果你处理事情的方式是不经思考就做出的选择，那么你就很可能本着对家庭的死忠，用代代相传的方法在做事——当然还是会加上一点小小的个人色彩啦。

在古代的著作中有一段话提及了家庭死忠的潜意识来源，这段话是这么说的："祖先犯罪，后代受罚。"有趣的是，"罪"（sin）这个字原本是希腊文中的箭术术语，意思是"没射中目标"，也就是"错误"的意思。于是呢，如果爸爸犯了一个错误却不改过来，那么这个错误就会传给孩子，再传给孙子——这么一直传下去，直到有人"射中目标"为止。所以，我们在受伤时会假装坚强、对人发脾气时与对方冷战、有金钱上的问题时变得容易生气，都可以说是因为模仿祖先的偏差行为而不予改正。这样的结论一点都不会不合理。

即使你小时候是个问题儿童（或者现在还是），总是反对现状，问不该问的问题，常给爸爸妈妈找麻烦，这种反对"家族的方法"的行为，事实上也会让你更离不开"家族的方法"。当你与某件事物对抗的时候，这件事物在你的心里就会变得更加强大。我曾经跟许多坚称自己没有被死忠的观念绑住的案主谈过话，他们都说自己的行为是跟"家族的方法"完全相反的。但如果深入了解一下他们的家族成员，我们总会发现有一位阿姨、叔叔或祖父母，曾经做出过同样的叛逆行为。每次的结果都一样，这些案主仍然在抗拒自己富有创造力的天赋，而依赖像膝跳反射一样的不经大脑的行为来处理事情。

现在我想要指出，在研究家庭影响的时候，我发现在大多数——但不是全部——个案中，家庭带给人的影响利多于弊，而影响即使有害，也不会造成终生的负面效应。一旦你发觉自己伤害自己的行为，其实是从家人身上学来的偏差行为，你就可以选择赋予自己力量，去改变这个你之前认为不可能改变的习惯。

在你的亲密关系碰到墙壁，而必须仰赖史无前例的、有创意的、直觉的响应才能突破障碍的时候，你就会了解到上面这句话的意义。对家庭的死忠会让内省阶段的死气沉沉更加恶化。同时，因为对家庭的死忠会让人变得平庸，所以处于困境的人将无法想出能让亲密关系起死回生的办法。也许你能看出是什么造成你的困境，但却只会用熟悉的方法来应对。

如果选择真理，你就能从陷阱中解脱出来，找到通往自由的道路，这不只是为了你自己，也是为了养育你长大的整个家庭。因为只要一个人能够超越"家族的方法"，其他陷于同样困境的人也能找到自由之路。在这整个过程中，当我明白我这么做并不只是为了自己的时候，我就得到很大的鼓励，决心去跳脱这个一成不变的死气沉沉的状态。我了解到，如果不能挣脱死忠观念的束缚，我就会把这个包袱传给我的孩子。我开始怀疑这个过程不是我普普通通的观察力所能够察觉到的。如果所谓的"遗传疾病"也是这其中的一面呢？如果对家庭的死忠会为我的家族带来特定的问题呢？是我的DNA决定了我的某些心理、生理及情绪上的倾向，还是我的DNA其实是受到对家庭死忠观念的影响呢？如果我能够预防的话，我还会把这样的负担传给孩子吗？

　　除了我的孩子之外，还有许多人也陷于死忠的困境里。如果他们能够找到更好的路来走，他们就会得到很大的帮助。我第一次实际运用这项知识，是在我婚姻中的某个时刻。当时我正为自己不能做一个好丈夫、好爸爸而感到极度的沮丧。我和妻子之间出现了一个问题，随着时间过去，这个问题不但没有解决，反而日益壮大，造成我和妻子之间有很大的距离。很快我就发现自己已经被逼到受害者监牢的墙边，再也无路可退了。我应对的方式，是所有孟氏家族的小孩子都会用的那一招——气愤地远离妻子，把自己关在卧室里。

　　躺在床上，心里想着离婚有些什么好处，我开始觉得死亡比活着容易多了。就在这时，我脑中闪过一个影像，那是我自己身处一个没有门也没有窗子的房间里。我摸索着墙壁，绝望地寻找着出口，而我身后有一大群人跟着我。离我最近的是我的孩子哈蒙和塔拉，他们模仿着我的一举一动而且看着我，好像是在说："爸爸什么都知道，他会带我们离开这里的。"我又看了看其他人，了解到我并不孤独，许多人都跟我有同样的问题。我们都在找出口，并且抵抗着想要放弃自己、放弃生命的诱惑。有一天我的孩子也会遇到难以克服的问题，也会想要放弃。但是，如果我能让他们了解一个人永远不必放弃生命呢？我想起了《奇迹课程》中的一句话："神圣的上帝之子啊，发誓你不要死。"我从床上爬起来，站直了身子去面对绝望和失败的痛苦。我心里念着孩子，再想想在我脑海中影像里的那些人，我选择了生命。我拒绝相信"受害者监牢"是真的，是我的最终宿命，我从心底向真理呐喊。

然后，一股充满爱的感觉来到我的心中，随之而来的是一个得到启发的想法，我知道该如何在苦痛中接近我妻子了。我出了卧房，走近妻子并向她道歉，告诉她她对我有多重要。在我对她说这些话的时候，我不做任何期望，只是单纯地说出我的心教我说的话。说完之后我就进厨房去准备晚餐。第二天问题就自动烟消云散了——如果你把问题摆到一边，它往往就会这样——而我的婚姻再次充满了朝气和热情。

　　我曾经在"墙脚下"度过很多的时间。我盲目地坚持对家庭的死忠，以至在面对问题时，我总是用熟悉的、没有任何帮助的方法来处理。有时候我会很快地想起应该选择真理，但有时候却要花上好几个星期的时间，才会了解到唯有具创造性的、受到启发的响应才能让我从受害者监牢中释放出来。我想，未来我的决心受到考验的机会还很多，但有一件事我是十分确定的：对家庭的死忠并不是真理。死忠不能启发人，所以不是真理。如果我想摆脱死忠的观念，我可以借由这样的方式来达成：要求一个只有我的灵魂才能给我的有创意的应对方式，因为我的灵魂是不受任何不真实的忠诚的束缚的。或者，我可以用全部心力去面对最重要（往往也是最痛苦）的感觉，并了解痛苦不是真理，然后选择真理。我也可以想一想跟我一起困在墙边的人，他们在寻找一个希望，而我可以为他们选择。

　　我还可以选择把伴侣看得比所有不真实的死忠观念还重，并在心里靠近她。但由于亲密关系在内省阶段总是死气沉沉，所以这个可能性常被忽略。不过我的亲身经验证明，如果能做出这个选择，我将会对死忠观念所造成的停滞状态产生立即且有效的反应。

　　死气沉沉的停滞状态会阻碍爱的感觉，导致一方或双方相信爱已逝去了，再也不会回来。剩下的选择，要不就是离开，要不就是用小时候学来的老方法来应对这种一点活力也没有的情况。我们误认为爱的感觉和需求消逝了，但真爱是不会消逝的，不然就不是真爱了。如果我们想要的是感觉和浪漫，以及"月晕现象下的爱"所具有的其他特性，那么我们当然可以考虑离开"受害者监牢"（因为它是浪漫的坟墓），重新开始寻找我们的"理想伴侣"。但如果更想要的是来自灵魂的爱，那么我们就该重视伴侣、排除死气沉沉的状态。在事情看起来一点希望都没有的时候，怎么样才能做到重视伴侣呢？只要有意愿。把它当作你最想要的事。只要真心想要，你就能得到。

牺牲

"我想要的是慈悲，不是牺牲。"

——先知何西阿《圣经·旧约》

在听从心的指示而选择现在的职业之前，我曾做过的所有工作，都只不过是我为我出生的家庭所做的牺牲。我以为让他们快乐的最好方法，就是确保他们的舒适。要让他们舒适，我就不应该做出任何改变，而应该维持现状。即使这意味着我必须放弃自己真正想做的工作，我也愿意为了保住自己在家中的一席之地而做这样的牺牲。我的牺牲非常彻底，以至于到了二十岁的时候，我还不知道自己到底想做什么，我的天赋都被埋没了，我的热情和方向感也一样。

小时候，我们会想出一大堆理由来解释为什么我们的需求不能得到满足。最主要的一个推论就是：我们一定是坏孩子。就算我们尝试规避这种罪恶感，因而把父母推得远远的，责怪是他们造成我们的不快乐，在我们的内心深处，还是有一个令人不安的想法，认为这一切都是我们自己的错。我在探索人类的潜意识时，经常得到这样的证明：人类在很小的时候就开始有罪恶感，而这种罪恶感总是不理性的。

一旦罪恶感变成了家里的常客，宽恕就会变成陌生人。我们开始把所犯的错误当作自身邪恶的证明；我们应该改正错误却没有改，反而开始害怕错误。我们依据父母做出的迫害者行为，在心中塑造出一个迫害者，并让他来惩罚我们的不完美。很快我们就发现，要缓和迫害者的怒气，并为我们的过错赎罪的方式，就是采取一种能让事情恢复平衡的态度。这也就是牺牲的开始。牺牲并不是一种行动，虽然它常借着行动表达出来，也常被误认是一种行动。假设有两个人同时在同样的厨房里洗着同样的碗盘，一个人是在牺牲，而另一个不是。你能分得出谁是谁吗？从外表上来看是很难分辨的，但如果你能看透他们在情绪及心理上如何看待他们正在做的事，就可以马上分清楚。道理很简单，牺牲是没有喜悦可言的——当然我所说的牺牲是不实的牺牲，而不是真心的牺牲奉献。你只是在做赎罪必须做的事。

我经常忽略一件事，那就是我总是倾向于把亲密关系的成功当作自己的责任。我必须找出解决问题的方法。我必须确保我的家人都很满足而且健康。我必须当一个很棒的情人，成为拥有丰富资源的供给者。我不记得有什么时候我不是这么想的。五岁的时候，有一次我孤零零地坐在人行道的边缘，疑惑着是什么原因让我的家人这么不快乐。我的情绪从悲伤转为罪恶感又转为愤怒。我觉得难过是因为我认为既然家人不快乐，他们就没有足够的爱可以给我了。这种想法引来了罪恶感，我觉得自己是家人不快乐的原因。难怪没有人爱我了，大概我光是出生就已经给大家带来了麻烦吧。然后我开始生气。他们还是应该爱我的——尤其是我的父母。我的家情况这么糟又不是我的错！在这个情绪转变的过程中，我把自己不得人爱的罪恶感怪罪在家人的头上。有些人没有尽到他们的责任。不管我是个什么样的小孩，他们都应该爱我、接受我。但是很显然的，他们没办法尽到对我的责任。所以在五岁的时候，我就已经赋予自己一个徒劳的任务，就是去改善我的家庭，让家人变成一群快乐的、团结的、爱我的人。从那时候起，这就一直是我的责任。

只要简单地研究一下自己对"好"和"不好"这两个词的感觉，就可以知道你是不是在做牺牲。而别人要求你做一件事，如果你说"不"就会有罪恶感，说"好"又不觉得快乐的话，那你大概就是因为罪恶感在做牺牲。小时候我们会扮演许多种牺牲者的角色来让自己觉得自己是好人，因而抵消不断攻击我们的罪恶感。我很确定自己不是唯一一个因为让爸爸妈妈生气而感到罪恶的小孩。很多人都觉得自己是家中的麻烦制造者、负担或毁灭者。

但我怎么会知道家人不快乐，又为什么把鼓舞他们当作自己的责任呢？这两个问题的答案都是"罪恶感"。这个答案合不合理并不是重点。我相信家人会不快乐都是我的错，我也相信自己该做点什么事来补偿。也许这个想法会让你觉得很不合理，所以让我举个例子来说明。你有过这样的经验吗？你所处的房间或办公室里有东西丢了或被偷了，而别人看你的眼神让你觉得有必要证明自己的清白——即使东西不是你偷的，这种防卫是不理性的，但是造成这种行为的罪恶感却是确实存在的。罪恶感不需要合理就能发挥效用，但是罪恶感永远不会消失。大多数人一辈子都在不断地牺牲，希望能治好自己的罪恶感。

当你的亲密关系走到了内省的阶段，你会开始质疑你的"付出"有多少是出自真心，又有多少纯粹是出自义务感。你已经厌倦了牺牲的行为，而且不得不问自己，在跟伴侣相处的这段时间里，你到底有没有真正地做过你自己。如果你不想为自己的行为负责，就会怪罪伴侣，觉得都是对方逼你的；但如果你能对自己诚实，就会了解自己的行为只不过是你小时候做出的牺牲的翻版。

如果小时候你是"英雄"型的小孩——成绩优秀，或把家里打扫得一尘不染，煮饭烧菜一手包办，或是田径队的明星队员——那你长大以后，还是会扮演英雄的角色，总是给家人最好的，而你自己在工作上一个人当三个人用，还不会生病或疲倦。对了，你还可能是家长会会长以及男女童军的领袖（也许我太夸张了，但是你了解我的意思）。

如果小时候你是个"隐形人"，在家里总是轻手轻脚的，讲话总是轻声细语，从来不造成骚动，那么你长大以后，会尽量避免跟伴侣冲突，就算发生冲突，你也会溜之大吉，心想——像你小时候一样——你一出现就会造成别人不快乐，所以消失对大家都好。

如果你小时候是个甜美、讨人喜欢、有魅力的"小可爱"，那么在你的伴侣心情低落时，你可能会觉得有义务当个甜美、鼓舞人的人。这以前对爸爸妈妈都很有效的啊！

如果你是"代罪羔羊"或"问题儿童"那一型的，你就会招惹伴侣来攻击你，让对方把自己的悲惨都怪罪在你身上，因而减轻对方的挫折感。如果伴侣能够觉得自己是"对的"，就会好过一点，而你认为，让自己为伴侣及家人的悲惨负责，就能偿还你的罪恶。

如果你是"烈士"型的，你就会牺牲自己的生理、情绪或心理上的健康，把所有的问题揽在自己身上，并且因而捐躯（如果有必要的话）。如此一来，你所爱的人就会守着你的病床或墓碑而忘记自己的不快乐。这样你们就终于可以在一起了——就像你小时候所做的一样。

看完以上的所有类型以后，你可能会发现自己扮演了其中一种以上的角色。史匹桑诺博士指出，这五种主要的牺牲者角色，是大部分人成长过程中所选择的。除了这五种以外，还有其他的牺牲模式：好心人、帮手、沉默的受难者、有过人成就者、喜欢社交和享乐的人、娱乐他人的人、小丑、慢性病患者、不能适应环境的人、刚毅木讷的人、流浪者、维持和平者、取悦他人者、叛逆者……当人们为伴侣扮演这些牺牲者角色时，他们在付出的时候得不到真正的喜悦、趣味或平静。

内省能让你了解，你一生中做出的牺牲，都是为了埋伏在你心中的"坏人"而做补偿。为了让读者便于了解，我拟出了以下的这个模型：

牺牲者

折磨者

"坏人"

情绪

感觉（空虚）

本质（灵魂）

　　你心中的折磨者，会让你心中的牺牲者奋斗不懈，即使你已经受够了，不想再牺牲，或因为没有成就感而心力交瘁。这种形式的迫害者，是一个严苛的维持纪律者，以羞耻感、处罚威胁及排斥为手段，让你专注在赎罪上，不然就得不到宽恕。让我们来看看，一个牺牲者想改变时会发生什么事。

　　有一次，一个朋友告诉我他是如何尝试改变自己当"安静的人"的倾向。以前他总是让妻子一直说话，就算他对她说的不感兴趣，想改变话题也一样。每次他想摆脱自己的角色，都觉得有挫折感，因为他真的不知道自己想要说什么。后来他觉得自己怎样都没有胜算。如果他继续安静下去，会觉得妻子都在利用他，一点也不关心他想说什么；可是如果他想开口，却又不知道要说什么，而觉得自己很蠢、很无能。

　　挫折感在他心中不断累积，到达了临界点，只要她一开口，他就开始和她吵架。不管她说什么，他都唱反调。不管他信不信自己说的那一套，他都会一直争论，因为这样他才有话可以说。虽然他可以看出妻子很震惊而且受伤，但他还是觉得自己必须愤怒、必须争论，不然他又会陷入从前的牺牲式的沉默。他内心的折磨者在指控他，说他开口说话是"坏孩子"的表现，要对抗这个折磨者，他唯一的武器就是愤怒。在牺牲者想要摆脱自己的负担时，他们往往会放纵自己采取与平常的习惯相反的行为。就像我这位朋友，因为还没准备好面对自己的罪恶感，所以选择防卫。她看起来愈难过，他的罪恶感就愈深，也就让他更激烈地争论。

　　在他冷静下来并用健康的方法来研究自己的问题时，他发现自己心里的"坏孩子"只不过是会在事情"不太对劲"的时候提出质疑的人罢了。在他家中,质疑长者的权威是受到严格禁止的,所以当他还是小孩子的时候,就得到一个结论,认为自己喜欢质疑的这种行为会威胁到他在家中的幸福。他决定把嘴巴闭紧,以确保安全,让别人来说话就好了。

我朋友是在当所谓的"坏孩子",并且在不评论或防卫自己之后,才有了以上的了解。他重新体验到经常伴随着"坏孩子"而来的悲哀和罪恶感,并试图了解真正的自己。这项探索的任务带给了他很深的寂寞感——这也是人类在发现内心空虚时常有的感觉。但他选择用平静的、有决心的态度来面对它,于是他接受了自己,他的自信心慢慢增加了,再也不需要与伴侣争吵。他变成了一个快乐的、能有效沟通的人。

牺牲会以三种方式来危害你的亲密关系。第一种是你会觉得自己是被迫牺牲,因而感到愤恨。这种愤恨会转变为对伴侣的排斥,甚至是仇恨。你会认为对方期望你所做的事是没有回报的。第二项具有毁灭性的影响是,为了摆脱不断牺牲的模式,你会做出完全相反的极端行为——就像我朋友那样——并放纵自己做出令对方难以接受的行为。第三项是末日的征兆,就是心力交瘁。你因为不断地牺牲而感到精疲力竭,这时候,你会很想一走了之,以免自己发疯。会有这样的结果,多半是由于你不愿意诚实地面对真正造成你牺牲的原因。

以一个旁观者的身份,往往很难分辨牺牲和心甘情愿的付出有什么不同。但如果身处其中,就很容易了解——如果你是在牺牲的话,就无法"接受"。你的动机完全是为了缓和及补偿心中无尽的罪恶感。这就像是在偿还一笔庞大的债务一样。不只是庞大，简直该说是巨大。一开始你也许还会觉得轻松，因为你总能定期付出款项，但一段时间之后，你就会觉得债务好像永远还不完，从而感到疲惫、心力交瘁、山穷水尽。

牺牲也是一样。你虽然在付出，却丝毫不感到快乐，也缺乏热情。也许刚开始你的牺牲还能得到感激，不过那是早在"月晕现象"阶段的事了。到了内省的阶段，光牺牲是不够的。就算你很忠实，很细心，也不能像从前那样得到感激。你仍然会当个忠实、细心的人，因为别人对你有这样的期望，但是这样的行为再也没有回报，于是你开始了解，事实上你从来都没有得到回报。就算有回报，也只不过是因为你扮演的角色而已。

在亲密关系陷入困境的时候，如果你听到其中一方说："我一生中最好的时光都给你了，但是我得到了什么？什么都没有！"那就表示，这个人已经因为不断地牺牲而濒临崩溃边缘，要不然就是准备一走了之了。不幸的是，这个人所付出的，其实并不是"最好"的。

真心诚意地付出，是一种完全不同的体验。你不会觉得心力交瘁，也不会因为得不到感激而愤愤不平，当然也不是为了偿还罪恶感才付出。这样的付出是完全不求回报的。你是听从自己的心在做事，因为你知道，这样的付出对每个人都好（要记得，所谓的"每个人"也包括你自己）。如果你的动机是为了爱或为了了解爱，那么你就只会注重付出的过程，并且了解只有在真心付出的时候，你才会用开放的心去"接受"。

想要为牺牲的模式画上句号，最好的方法就是自觉以及负起全责。如果能为自己的生活百分之百负责的话，我们就会了解，牺牲者的角色其实是我们自己选择的。认定是父母或家人逼迫我们做牺牲并怪罪他们是很容易的。也许我们是在不知不觉中，选择了牺牲者的角色。也许我们这么做是因为我们需要爱，或是希望付出爱，却选了错误的方式。又或许，我们做这样的选择是为了活下去。不管动机为何，我们必须了解，这是我们自己的选择。一旦我们接受了这个责任，就能得到做出更好选择的力量。

"觉知"对我们的意识具有很大的影响力。觉知能让不实的事物变弱，并让真实的事物变强。如果你能用完全的觉知来处理负面的情绪，很快你的情绪就会变成能量。如果你用完全的觉知来看待充满了爱、喜悦或祥和的感觉，那么你心中的爱、祥和或喜悦就会增长。这些美好的感觉，会增强到你所能承受的极限。

如果你有觉知，能够发现是哪些感觉和情绪迫使你做出牺牲，最后你一定会发现扮演牺牲者的角色对亲密关系一点帮助都没有。虽然不断地牺牲既伤神又没有回报，但我们还是会继续下去，因为做出牺牲很容易，但要面对我们看似高贵的行为背后的折磨和罪恶感却难得多。要了解牺牲的行为对我们已经没有任何帮助，摒弃这样的行为并且面对心中的"折磨者"和"坏人"，是一项很大的挑战。如果我们能保持自觉，不做评判，并且决心对自己诚实，就能慢慢地改变。

只要你有意愿、有决心，就能摆脱"牺牲者""折磨者"和"坏人"的影响，而选择对伴侣付出你真正想付出的东西。真心的付出能让你了解真正的自己。

亲密关系的律动就像钟摆

"一个巴掌拍不响。"

—佚名

在我们开始探讨受害者监牢中的其他陷阱之前，我希望指出牺牲的最后一项特性。我把这项特性称为"钟摆效应"（请看图七）。这个理论的主要概念是，如果你为了伴侣牺牲，那么你就会把对方看成是利用你的人，因为他们没有尽他们应尽的力量。你牺牲到什么程度，对方就会放纵到什么程度。有放纵者，牺牲者才能存在。

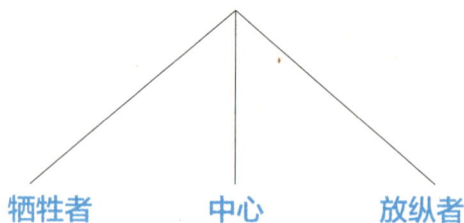

牺牲者　　中心　　放纵者

图七

如果没有人把东西丢得到处都是，你又怎么能跟在后面收拾呢？如果没有长舌的人，你又怎么能当牺牲者，听人长舌讲不停呢？只要有牺牲者，就有放纵者，反之亦然。如果你扮演的是牺牲者，那么除非你停止牺牲，否则是没有办法改变你的伴侣的。如果你不能明白，改变伴侣或为他／她的行为做出补偿都不是你的"职责"，那么你就无法停止牺牲。如果伴侣放纵自己的怒气，你不必把维持和平当作神派给你的责任。如果你的伴侣嗜赌成瘾，你也不必把加班贴补家用当作自己的责任。对方酗酒也不是你的负担，所以你不必放弃你的热情和自发性，只为了提供一个稳定、可预期的环境来弥补不稳定和不可预测的伴侣。说了这么多之后，我想用一句话做结语：虽然弥补伴侣的放纵不是你的职责，但对方的放纵行为确实是你的责任。这句话的意思是，你有能力对伴侣的行为做出响应，而不是采取牺牲的方式。

人们常会忘记，亲密关系中双方都要为发生的事百分之百地负责。亲密关系中常常发生的情形是，一方已经尽了一切的努力，弄得自己身心俱疲，但另外一方却袖手旁观。有酗酒问题的亲密关系往往被描述成这样：一方长年受苦，像奴隶一样辛苦地想让亲密关系或家庭维持下去，另一方却沉溺于自私的享受。但是到了最近这几十年，人们却发现会有这样的情形，其实牺牲者也同样有责任。如果扮演牺牲者，你就会吸引别人来扮演放纵者。

然而，虽然这样的互动关系往往是一方放纵而另一方牺牲，但如果你想看看真正有意思的事的话，不妨私下分别问问两人，谁牺牲得比较多。结果通常是，不管你问哪一方，他／她都会说自己是牺牲比较多的人。即使跟你说话的人当时是比较没活力、没生产力的一方，那也只是因为他／她正在"休息"，因为之前已经辛苦地工作了一个星期、一个月或一年，甚至是因为经历了一个悲惨的童年，所以必须休养生息。放纵者常用自己悲惨牺牲的故事来作为他们的行为的借口。这指出了非常重要的一件事：牺牲并不是一种行动。牺牲是一种心态。洗碗可以很有趣，也可以很烦人。有什么样的经验，完全是由心态来决定的。要怎样才能改变心态呢？一开始，必须有改变的意愿，但我也了解我需要一些不平凡的帮助才能做到，因为牺牲的心态已经跟了我一辈子，甚至是从我自己都不知道自己做了什么选择的时候就开始了。为了融入家人，为了让自己生理及情绪上得到满足，我牺牲了自己。

看看钟摆模型，你就可以推论，你离中心愈远，牺牲或放纵的程度就愈严重。既然牺牲与放纵具有共生的关系，如果你去除其一，另外一个也无法继续存在。我发现，不管我往哪一边摆动，都可以借助来自中心的力量来帮助我。位于中心的，就是我的灵魂——也就是我的本质——的力量，它能够提供我所需要的支持。既然我的灵魂不会批判或处罚我，我就可以信赖它，让它用健康的方式带我走出牺牲或放纵的模式。

一旦你对自己的牺牲有所自觉，就能把全部精神集中在来自中心的力量上，并要求爱来引导你走出牺牲的模式。牺牲完全是心态上的问题。只有爱能进入你的心，去改变只有给予却不懂得接受的模式（牺牲），以及只有获得却不懂得享受的模式（放纵），使得牺牲转变为真心的给予，而使放纵转为真心的接受。

我们所需要做的——也是我们仅能做的——就是让灵魂的爱带领我们回到中心，回到有爱存在的地方。练习，不断练习吧！

依附——束缚之索

"鸟笼去寻找它的猎物了。"

——罗莉·戴克未出版的手记

这件事发生在我和妻子结婚三个月之后。那时妻子正在怀孕初期,身心都感到不适。当她从我身后经过时,我正坐在走廊上的一张桌子旁,拿着笔在纸上胡乱涂鸦。我立刻跳了起来,到处寻找吸尘器,因为我忽然决定要打扫房间。打扫之后,我还打算洗碗,劈点木柴来生壁炉的火,把衣服折好,还要……这时我才发现,差一刻就到半夜了!五分钟前我还在打算的这项大工程,只好打消计划了。接着,我差点又打算整理客厅!然后我才发现了自己的感觉。记得在我七八岁时,我母亲有一段时间很不快乐。我觉得没办法亲近她,还觉得她不快乐都是我的错,所以我得到一个结论——让她开心起来是我的责任。她经常抱怨家里总是乱七八糟(这是完全可以理解的,因为家里有八个小孩子和一条狗),所以我想如果我把家里整理得干干净净，也许就能让她开心一点。如果她能开心起来，那我也会比较有安全感，也许她又会喜欢我，甚至爱我了！二十五年后，我身边又出现了一个不快乐的母亲，在这段时间里，我除了打扫房子之外，再也想不出更好的解决方案。早在我了解自己的动机之前，潜意识就已经驱使我去找吸尘器了。

当我们迫切地希望父亲或母亲爱我们，但又觉得自己不值得这份爱的时候，有时候我们会愿意做任何事，就算不计代价，也要让父亲或母亲不排斥我们。以我来说，我检视了自己的所有特质，把我认为母亲不会喜欢的那些通通丢掉，尽力地想做一个完美的儿子。我变成了母亲可爱的小帮手，把自己塑造成我认为最能符合母亲需求的样子。我放弃了一大部分的自己，让自己能够达到母亲的要求，这样我才能像只小猫一样，紧紧地依附着她。这就是一个依附的例子：为了确保自己不被离弃，我们做出很大的牺牲。我们牺牲了自己。

我相信依附的情形早在三岁就开始了，并一直延续到青春期，所以我们可以轻易地了解，这对我们怎么看自己会有很大的影响。想象一下，一个小女孩可能放弃自己的积极和坚决的态度来取悦父亲；放弃自己的性欲以免让父亲感到威胁；放弃自己的智慧，好让自己看起来柔顺没有伤害性，而且必须有比她聪明的人让她依靠；忽视自己的艺术天分，好让父亲知道她很注重实际；改掉自己外向的个性，让自己有多一点时间待在家里；或是改掉自己独来独往的个性，好让父亲为她的受欢迎程度而骄傲。想象一下如果有一个孩子做出了以上所有的选择，她将会变成一个多么单调乏味的人。她会放弃她认为父亲不喜欢的所有特质。父亲希望女儿拥有的特质，通常是他自己没有的。就像碎成两半的心一样，他会寻找能够和自己完全契合的另外一半，而她就会努力地把自己塑造成那一半，让自己可以和父亲建立良好的亲子关系。想想看，她为了"归属感"必须做出多大的牺牲。这就是依附的代价，是一种不真实的结合关系。这种结合的动机是需求，而用来联结的胶则是牺牲。事实上这根本不能算是结合，应该叫作奴役才对。

创造一幅心理图像，也许能让你更了解依附情结。想象一下你小时候依附最紧的亲人现在就站在你面前。然后想象你和这个人被绑在一起，无法解开。也许你们像是两只章鱼，用触手把对方紧紧缠住。也许你们像著名的暹罗连体婴一样，臀部连在一起。也许是一条大铁链把你们紧紧地绑在一起。我的一位女性案主想象出的图像是她的身体被一个大捕兽器夹住，而这个捕兽器的另一端锁在她父亲身上。另外，有一幅很普遍的图像是，两个人在肚脐处由一条脐带相连。不管图像长得什么样，这种联结都代表一种情绪上的牵系，让你不断牺牲而无法逃脱。深陷在依附情结中的人会因为受限而有挫折感，或觉得像是穿着束缚衣，或像要窒息似的——就好像他所依附的父亲或母亲把他周围的空气都吸光了。

在大多数人身上，这时候就会有一种生存机制介入，让他们远离这种不真实的结合关系，从父母身边逃开，寻求独立。这种挣脱的过程通常很花时间，而且当孩子愈接近青春期，过程就会愈激烈。如果小时候你依附的是母亲，那么当你与一位女性发展出重要的亲密关系时，你就会发现，事实上你并没有破除依附情结。若依附的是父亲，你就会在与男性发展出重要的亲密关系时，有同样的发现。你会渐渐了解到，你和伴侣间的互动，跟小时候与父母的互动是一样的。你甚至会开始觉得自己就像跟父亲或母亲住在一起。

总而言之，在你还是小孩子的时候，如果失去了父母的爱，那么你就会因为失去归属感而痛苦，并且觉得自己一定是不够好，才没有人爱。于是你就会放弃一大部分的自己，努力把自己塑造成你认为父母会喜欢的样子，而发展出一种不真实的结合关系，这就叫作依附。在你逃离这种束缚的时候，其实并没有真正地破除依附情结，你只是暂时地逃开而已。在和你所依赖的人（老板、权威人物、债主等）相处之后，你就会发现，你有时候会做出对自己并没有益处或是让你讨厌自己的事。但是你又不敢改变，因为怕被排斥。

依附情结令人窒息的效果，在内省的阶段最明显。感到窒息的人会觉得没有自己的生活，而且很想责怪伴侣夺走了他的生活。如果这种情形发生在你身上，你要记得，现在发生的事只不过是旧事重演而已。想推开伴侣，只不过是反映了从前你想远离你所依附的人的情形而已。想要破除依附情结，你并不需要逃离自己的亲密关系。如果你有觉知，也有意愿和决心要取回你曾经抛弃的那一部分自己，就能得到力量让依附情结造成的伤口愈合。

注意依附情结所造成的生理和心理上的感觉，看看这些感觉是多么熟悉——看看它们跟着你多久了。想象一下你可以用图画来描述自己对伴侣的依附。在心里仔细地看着这幅画，这样你就可以了解自己一直在做些什么。你会调整自己去配合伴侣的情绪。伴侣做什么，你就必须跟着做什么，因为依附情结让你没有选择。注意在你看着这幅画的时候，是否有任何愤恨、恐惧、挫折或紧张的感觉存在，表明你想要摆脱这种束缚的意向，让决心来支持你。你可以用口头表达或在心里对伴侣说，你们不需要再继续这种不实的亲密关系，你会做出对两个人都好的选择。然后，让灵魂引导你去看自己挣脱束缚的图像。充分体验你在看这幅图时的感觉，然后再画一张图来描述破除了依附情结之后，你和伴侣之间会呈现怎样的情形。如果你还是觉得这幅图存在着冲突，或不够祥和，那么就做个笔记，然后在心里重新画一张图。你可能必须重画很多次，才能看到你们在亲密关系中真正应该呈现的相处情形。其原因是，即使你是用和平的方式来切断依附情结，也还是会在你和伴侣追求真理时造成负面的影响。身陷依附情结陷阱的人，往往很害怕失去那不实的安全感，而且其中一方会比另一方更不肯放手。在亲密关系中做真正的自己，需要勇气和信任，如果真的有决心这么做，你就会引发一连串的连锁反应，而这些反应有时不怎么令人愉快。在心里画图（如果用纸笔画，或用捏塑黏土或其他的艺术方式表达会更好）能让你直觉地了解到自己即将面对的事物。

这项练习能发挥多大的作用，要看你有没有找回自己真正本性的意向，以及你有没有实现这种意向的决心。在你弄清楚自己想要什么——你相信对你而言最好的选择——以及你愿意接受伴侣不必当你的供给者这项事实时，你的意向就能实现。当你愈来愈明白真正的自己时，你也愈来愈接近真理。在愈来愈接近真理的同时，你往往会发现，伴侣也和你一样，只不过步调不同罢了。这时候你已经重获力量，可以自己做选择了，现在你就可以再次选择和伴侣在一起，只不过，这一次不是因为需求，而是因为了解到这是正确的选择。

魔镜，魔镜

"谁知道人的心中暗藏着怎样的邪恶呢？影子知道。"

——莎士比亚

多年前我在报纸上读到一则很棒的故事，不过那时我还不了解它的含义。这个真实的故事说的是有一群想做好事的基督徒长途跋涉到印度的一个偏远的村落去传教。他们所到的地方是一个小农村，科技落后，村民从来没看过电视或电影，而且才刚开始过有电可用的生活。为了让这些纯朴的人认识耶稣是谁，这群基督徒带来了一个大放映机，并且在山坡上架起了一个巨型银幕。太阳下山以后，上千的村民，老老少少、男男女女，都出来席地而坐观赏电影。

这些观众看得实在太投入了，以至于演到耶稣被钉十字架的时候，每个人都像疯了一样。当他们看到耶稣手被钉住的时候，全部的人一拥而上攻击银幕，希望把耶稣从十字架上救下来。读完这个故事，我忍不住因为这群单纯的人孩童般的天真而大笑。十五年之后，我才发现自己跟这些无知的印度村民有多像。我花了这么长的时间，才了解到"投射"的原理。

我们常常对别人有很多的意见。有时候是赞赏，有时候则是尖锐的批评。好像我们愈了解一个人，对他的意见就愈多，不管是好是坏。这是"认识"别人的过程的一部分。但我们很少质疑这些意见到底从哪里来。基本上，我们对别人的意见，是在观察他的行为，并用自己的想法诠释之后所形成的。有两个人都看到一个打扮华贵的人给一个流浪汉一块钱。一个人说这个打扮华贵的人真是个慷慨的好人，另一个说这个人真是既小气又傲慢。到底谁说得对呢？事实上，这两个人都没有对错。他们都只是把对自己的某些观感投射在这个打扮华贵的人身上而已。我们对别人行为举止的诠释，都只不过是把我们对自己的评价及信念投射出来罢了。

在我第一次听到投射理论的时候，连一字一句都不肯相信。我非常确定我就是我，别人就是别人，我对别人的评判和意见才不是我自己的投射。有一天，所有的事都变了。那天我与一个朋友谈论着一位同事的缺点。突然我的朋友转过来对我说："克里斯啊，听起来你好像是在说你自己。"我愈坚持自己跟那个浑蛋不一样，我朋友就笑得愈大声，最后连我自己都没法否认。虽然我感到很惭愧，但还是微笑着对朋友承认他说得一点都没错。

从那时起我就经常发现，我们所看到的每件事其实都是我们内心的投射。我们怎么评论别人，就是我们怎么看待自己。如果我觉得别人太爱批评而讨厌他，就代表我讨厌自己爱批评的习性。也许这个例子很明显——批评别人太爱批评——但其他的意见也是一样的。我攻击别人的缺点，正是我在潜意识里攻击自己的缺点。很不幸的是，我通常都不能察觉到，其实自己就像是在照镜子。（实在太可惜了，因为我浪费了太多时间去羡慕那些有天分的人，却没有从他们身上看到我自己的天分。）

在受害者监牢中，投射现象往往十分猖獗。你和伴侣的关系愈亲密，投射现象就愈能让你们远离对方。我之前说过，你愈接近别人，他们对你来说就愈熟悉——就像是你的家人一样。于是，我们的伴侣早晚会让我们想起跟母亲、父亲或兄弟姐妹生活在一起的日子。而如果我们想起的是跟父母或兄弟姐妹在一起时的不愉快的日子，那就有麻烦了。还记得之前有关家庭的那段讨论吗？不合理的罪恶感让我们认为自己扮演着牺牲者的角色，都是家人害的，我们的失败也都是他们的责任。当我们这样想的时候，就会把父母及兄弟姐妹看作坏人，甚至排斥他们。我们会愈来愈严苛地批评家人，但事实上我们会批评，也是因为把自己的失败投射在别人身上的缘故。这也就是为什么当我们在情绪上与人亲近时，这个人就会让我们想起家人的原因。我们只不过是转换了投射的对象罢了。

"阴影人物"是一个具备你自身最糟糕特质的人。当然啦，在你刚认识这个人的时候，你并不会马上发现他就是你的影子（也许永远也不会发现）。这是因为，这个人所具备的某些负面特质，是你拒绝承认自己拥有的特质，你甚至会完全否认这些特质的存在。

或许你在幻灭的阶段就已隐约感到这个阴影人物的存在了，但到了内省的阶段，事情才真正变得丑陋，因为你的伴侣这时已变成了这位阴影人物。你会觉得伴侣变得令人难以忍受，会排斥对方，甚至燃起熊熊的恨意。卡尔·荣格说，要完全接受阴影人物，需要极高的道德勇气，但我的经验说明了，我所有的道德勇气加在一起还是不够。我需要的是奇迹。经由好奇心，我真的得到了奇迹——那是我开始怀疑自己的观念有误的时候。从十几岁一直到三十几岁，我一直相信阴影人物并不符合投射原理，我认为阴影人物根本就是世上邪恶的化身。在这段时间里，我总是觉得日子会过得很惨，是某个浑蛋害的。有时候这个浑蛋是一位同事，有时候则是我原本的一个好朋友，突然变成了威胁我生存的心头大患。在神的面前，我必须坦承，有时候我满脑子都在幻想这位阴影人物已经死了。我恨这个人恨到甚至会祈祷他快点死。然后奇迹发生了。我脑中出现了一个想法，让我自问："如果这个人是你呢，克里斯多福？如果你讨厌的那个人，其实是你的一部分呢？会不会是因为你一直不愿承认自己有这些糟糕的特质，所以你就控制自己的行为，不表现出这些特质呢？"

我的好奇心胜利了。我要求自己想象一下，是什么原因会让一个人表现得像个不折不扣的浑蛋。这个人真大嘴巴，是什么原因让他这样呢？我想到的答案是"缺乏安全感"。那你呢？克里斯多福？你是不是缺乏安全感？嗯，是这样没错，可是我可不会像那个人一样啊！你当然不会，你不公开批评别人是因为这是不厚道的行为，那你想他为什么会这样做呢？因为他相信自己是个失败者。没错，就像你一样。只不过你不会公开批评别人，而是把批评藏在心里，因为你认为当个厚道的人，会让别人更喜欢你。所以你们都是失败者，只不过你嘴巴闭得紧，他则是比较口无遮拦。

在我继续探索下去时，每走一步，我就会发现我和阴影人物在内心里是多么相像。为了补偿自己封杀了的那些特质，我们做出的外在行为大不相同，甚至是完全相反的。但在内心里，我们封杀的是相同的东西：痛苦、局限的感觉和信念。像大多数人一样，我一直以为是阴影人物的行为在困扰我。但是这种批判只不过是我心中的迫害者在试着补偿这些行为之下的负面特质。在上例中，为了补偿自己的失败感，我选择做个安静的人，而我的阴影人物却用相反的方式来补偿这种失败感。我以为安静的补偿者比大嘴巴的补偿者来得强，因而远离了这两个人行为背后的真正的魅影。

多年来，我一直用以下的方式来让自己和阴影人物整合在一起。有时候进度会很缓慢，因为还有些特质是我自己不敢承认拥有的。但有了决心、意愿及灵魂的帮助，我便能了解，阴影就是我自己。如果你的伴侣、朋友、认识的人、亲戚，甚至遇到的陌生人让你很受不了，而要接受并去爱他们对你来说更不可能的话。我想，以下的练习会对你很有帮助：

1. 这个人有哪些特质是让你受不了的？请记得你要注意的不是行为，而是内在的特质。如果你只能注意到行为，就问问自己，是什么信念或感觉造成阴影人物会有这样的行为？

2. 在回答了以上问题之后，请在你自己身上找出相同的信念或感觉。尽力接受这一部分的自己。完全地拥有它。你的阴影其实是你的镜像。如果你举起右手，镜像就会举左手，但你们举手的原因则是相同的。行为或许相反，动机则相同。

3. 一旦决定要接受你曾经拒绝的那一部分自己，你可能会觉得有点不自在。要承认你充满恨意的批判，其实都是在针对自己，实在是不太愉快的，但这种不愉快并不会持续很久。事实上，不愉快的感觉是一种指标，它在告诉你，你的努力开始有效果了。要知道，真理往往是良药苦口的。

4. 现在说出你欣赏阴影人物的哪些地方。这个步骤，在治疗"阴影人物"的问题上，是非常有利的方式。在寻找你能欣赏并尊重的特质的时候，你就对这个人敞开了心胸。如果阴影人物是你的伴侣的话，这个步骤就能重燃你曾经认为早已熄灭的爱火。另外，既然投射原理可以应用在坏的事物上，也可以应用在好的事物上，那么如果你欣赏别人的优点的话，你就有可能察觉，自己其实也拥有这项优点。

5. 回到步骤1。重复以上的步骤，直到你感觉和对方较亲近，阴影人物也消失了为止。要记得，你和阴影人物愈亲近，这个过程就愈有挑战性，但也愈有价值。因为一旦你把阴影人物整合为自己的一部分，你曾经拒绝了的天赋就又会回到你身上了。这样，你就重新开启了通往灵魂之门。

对性的罪恶感

"要性爱不要罪恶感，还是要罪恶感不要性爱，你自己选。"

——佚名

我曾经看过一部电影，有一段是演一位女性称赞伍迪·艾伦扮演的角色是个很棒的情人。伍迪·艾伦很骄傲地承认了自己这项长处。不幸的是，有很多人不能像他一样无时无刻都对自己的性欲有正面、自信的感觉，直到他们跟人建立重要的亲密关系时才知道自己有这样的问题。

对性的罪恶感，在内省的阶段会加深，从而造成许多问题，如房事枯燥乏味、性障碍、男人自觉失去雄风、女人自觉不再迷人、想要另觅性伴侣、忙碌、疲倦、生理上排斥伴侣、三角关系、离婚或分手等。

我曾经听过有关这方面问题的说法如下：

"我情愿把晚上的时间都用来看一本好书。"

"我压力好大，没办法勃起。"

"光想到要跟他做爱，我就想吐。"

"我随时都可以上床，可是他/她一点兴趣都没有。"

"我们太忙了，没时间做爱。要照顾小孩、上班、做家务，真的没时间。"

我必须重申，由于这是一种潜意识的过程，所以当事人往往不会发现自己对性失去兴趣、冷感、不想做爱或被伴侣拒绝，都是罪恶感作祟的缘故。

在了解自己的性欲时，最大的问题是，一般人普遍认为性欲只与我们身体某些特定部位有关联。我们会有这样的想法是因为，在青春期时我们的性能量就像火山一样旺盛，但到了二十多岁，能量就减退了，而且只能在生殖器官上感觉到。

生殖器官对性的能量十分敏感，这是必然的，但你也许还记得，进入青春期的时候，你整个身体都能感觉到性的能量。但这种能量后来受到了限制，我认为，罪恶感是使这种伟大的能量受限的主因。

我并不想探索对性的罪恶感是从何而来的，也不想用真实个案及他人的著作来证明这种罪恶感的真实性。我知道有些人根本不相信这种罪恶感有多普遍。不管有这种罪恶感的人是很多还是很少，我都希望讨论一下这个话题，因为在工作中我遇到过的很多人都认为如果性生活完了，婚姻就也完了。事实上，我曾见到过许多人把"性趣缺失"当作结束亲密关系的好理由。然而，在仔细审视之后，我发现性生活上的死气沉沉，只不过是亲密关系整体倦怠的一部分而已。但是，失去性生活往往会让人有较激烈的反应。

事实上，性生活并没有一去不复返，只是换上了不同的面貌罢了。我们不妨把性能量想象成一种磁力，它能修补看起来相反的两极之间的空隙。在我心里，所有能治疗裂痕的事物，都是充满了爱的事物。既然爱永不会消失，性能量自然也不会。

如果你和伴侣无法充分地享受房事，那么我会问你的第一个问题是："你有多想要你的伴侣？"这不是指你有多想享用对方的身体，也不是问对方对你有什么欲望。这个问题其实是在问："你有多想和这个重要的人建立亲密的情感交流？"大部分的亲密关系，都会经历以下的情形：生理的刺激甚至性幻想都不足以让你对伴侣保持"性趣"，因为你的灵魂在呼唤你，它希望你能用真正的自己，来和真正的对方交流。有时候，为了更接近自己的本质，所有你对自己的身体、性欲、依附情结等的负面感觉，都会浮上台面，而减少或抑制你在性生活上得到的快乐。这样一来，又会让你有失败感、紧张感、挫折感或失望。这些感觉，可能会出现在你身上，也可能会从你的伴侣身上反映出来。亲密关系中最容易造成压力的因素的前几名，一定有性问题这一项。

但如果你能把发生的事看作一个机会，让你了解你自己，并了解你能无条件去爱别人，又会如何呢？如果你能把全部精神用来爱你的伴侣，把对方当作一个朋友、伙伴以及一份美好的礼物，又会发生什么事呢？这样一来，你会不会愿意和人分享你的秘密世界、你的恐惧、你对异性（或同性）的愤恨、你的幻想、你的不安全感，以及痛苦，并让真正的友谊之中的爱和信任成长呢？从这样的友谊中，很可能会衍生出强烈的、真正的亲密感。这并不是一座高原，一旦爬上去了，就只剩一片平坦。我常常在和妻子经历了深刻的亲密感之后，又会发现它不知何时又悄悄地溜走了。这是因为灵魂总是一点也不宽容，无时无刻不在督促着你寻找更真的自我。但只要你体验到了这种亲密的感觉，你就会觉得性爱是一件很自然的事，不需要感到罪恶，那么你受到压抑的性能量，自然也就得到解放了。当你的性能量得以舒展开来，并向上伸展的时候，你的整个身体都会成为爱的工具，而这也是它原本就该有的身份。

竞争

造成竞争的根源是"不足"——也就是相信没有足够的资源可以分给每个人。如果你相信这种想法，又希望自己特别，那么你就会以这种"不足"的观点来看整个世界，因而觉得没有足够的爱可以分给你，所以你必须打败其他竞争者才能得到你所需要的东西。

争着当最特别的人的这种竞赛，也会发生在你最重要的亲密关系中。你会和伴侣互相较劲，而把朋友、邻居或孩子当作奖品，（你比较爱妈妈还是爸爸？）或者你也可能单纯地只向伴侣证明你比他／她特别。你可能会用你的智慧、教养孩子的技巧、辩论的能力、常识、经验、过去的亲密关系、受欢迎程度、爱干净的程度或开车的技巧等做证明。不管你们把什么领域当作你们证明自己特别的竞技场，我都可以向你们保证一件事：你们两个都会输。因为你们竞争的起点就是个谎言。要不就是大家都同样被爱，要不就是根本没有爱。

虽然有点不好意思，但是我必须承认，"龙虾效应"也曾经印证在我身上，我曾希望朋友失败，或至少是不能完全成功，不管他们的目标是追求哪一方面的快乐——也许是金钱、工作、亲密关系、创造力、精神生活或其他。因为害怕朋友都有所进展之后，我就会落后，所以我会用要把戏、散布谣言、蓄意破坏等方式来捣乱，不让他们成为伟人的人。害怕落后的这种恐惧，会导致不足感——你会相信自己不够好，所以不能像别人一样成功，而这种不足感，正是竞争的根源。

当我检视自己的过去时，不难发现自己喜好竞争的冲动，但在检视亲密关系时，我简直无法相信自己做了什么。我的意思是，为什么我会想跟自己的妻子竞争呢？我应该要爱她的，不是吗？为什么我要把她当作竞争的对手呢？而我们到底有什么可竞争的呢？当我扪心自问的时候，很快就得到了令人痛苦的答案。我会和妻子较劲，看看我们的朋友比较喜欢谁，孩子比较爱谁，在争吵时谁是对的，谁比较独立，还有整体而言，谁是比较优秀的人。仔细思考之后，我发现这些竞争都源自于想要证明自己比较特别。

在你把竞争带进亲密关系之后，你那想当特别的人的欲望，加上害怕被离弃的恐惧，会让你和伴侣不断地较劲，而无法发现自己真正的天分和目标。竞争和许多负面的经验都会扯上关系，如想证明自己是对的，嫉妒、比较、希望对方失败、批评、嘲笑、说谎、需求、恐惧、权力斗争、扯对方后腿，以及骄傲。

真理是安静的，所以只有平静的心才能听到。但是，如果"想要竞争的冲动"控制了你，你的心就永远无法平静。想要结束竞争，你必须觉醒，并且诚实地面对你看待亲密关系的态度。有些人就像我一样，死也不肯承认我们竟然会和自己心爱的人竞争。但这件事不能由别人来证明给我们看，因为我们可以想办法推翻别人所提出的证据。想要证明，我们必须靠自己，我们得向自己、向伴侣、向朋友承认我们的竞争心态。当然，要说出口会让人感到很不自在。竞争必须秘密进行，才能达到最大的效果，要把它公诸全世界是很困难的，因为我们必须面对自己的羞耻心和罪恶感。

要想确实公开自己的竞争心态而不退缩，我必须问自己三个问题：第一，我的伴侣值不值得我冒着面对自己的羞耻心和罪恶感的险，去承认我确实和她有竞争？第二，我自己——这里所指的是那个独特、有天分的我——值不值得我冒这个险？第三，真理值不值得我这么做？如果我能对三个问题都回答"是"，那么我就会找到力量来结束竞争。然后，我就可以帮助我心爱的"龙虾"得到自由了。谁知道呢？也许当我伸出手把她推向桶子口的时候，我自己也能得到一只手来拉我出去呢。

死神啊，你的毒针在哪里？

"没有忙着出生的人，都在忙着死去。"

——鲍伯·迪伦

"有很多事值得人为它而死，但爱是唯一值得让人为它而活的事。"

——克里斯多福·孟

中学时代的一位老朋友告诉我他第一次被人带去攀岩的经验。他说他爬到一半的时候，突然感到一股强烈的恐惧感。在他伸手可及的范围内，找不到一个可靠的着力点，于是他吓坏了。他知道他不可能往下爬，虽然经验丰富的朋友爬在前面指导他，他还是找不到往上爬的方法。恐惧让他完全瘫痪了。"那个时候，"他说，"我真想往地面跳下去，好杀死我的恐惧。"几年之后我才发现，原来这种"死亡的诱惑"比我所想象的还要普遍。有时候，在内省的阶段，你会觉得亲密关系让你再也难以承受，因而希望所有事赶快结束。自我放逐所带来的强烈沮丧感，会让你觉得没有必要再继续下去。也许你并不会想死，但是害怕继续面对无法改变的现实的恐惧，跟想死的欲望也相去不远了。当我们遇到这样的挑战，又拒绝感受此状况所带来的感觉，就等于是拒绝了生命。这就像是在说："我再也不想有这种感觉了，我情愿死。"如果这句话变成了我们的口头禅，那么不管我们选择留下或离开，都很可能会改用较谨慎的方式来看待亲密关系，而且我们对生命的信心和信任也会相对减少。事实上，我们已经把死亡当作解脱痛苦的方式，而把生命当作敌人来看待。

在死亡的方向上常有很强的拉力，所以想要克服它，必须诚心诚意地选择生命。在面对一个状况时，不管你做什么选择，都应该以选择生命为动机，这是很重要的。如果你做出选择的动机是恐惧、愤怒或是恨意，你就必须了解，这些感觉是在带你往死路上走。如果你的动机是诚心诚意地为了每个人好，那么你就是选择了往生命的方向走。选择生命，就能得到很大的福佑。选择了生命，希望、智能、清晰的目标和方向感都会随之而来。你愈是坚定地选择生命，就愈能感受到内心被启发的赞叹和敬畏感。慢慢地你会发现，生命给了你一份多棒的礼物。即使身处在痛苦中，那种赞叹敬畏的感觉仍会存在，并带给你安慰和灵感。生命的力量，能让你以为早已死去的事物起死回生，并让你得到希望与力量来追寻信任和爱。在《奇迹课程》中有一句话是这么说的："神圣的神之子啊，发誓你不要死。"

如果你发现你的亲密关系陷入僵局，不能或不愿意亲近伴侣，那么你必须注意造成这种僵局背后的力量。这种阻碍你前进的力量是爱的力量吗？还是以恐惧为出发点的力量？如果是以恐惧为出发点，那么这种力量对你和伴侣都有害，对你们的生命也没有帮助。在受到死亡的诱惑时，你必须全心全意地选择生命。你选择生命的决心能揭开遮蔽的帘幕，而让小我的秘密暴露出来。这个秘密，就是"以怀疑为手段的阴谋"。

以怀疑为手段的阴谋

"为什么我会轻易地怀疑自己，却会毫不怀疑地相信电视上的广告呢？"

——取自一位案主与笔者的会谈

最后我们终于要来讨论内省这个阶段的目的了——也就是要让我们找到生活中所有问题的源头。经由内省，你得到了检查自己内心的机会。这时你可能会发现，你心中的小我为了阻止你了解真正的自己，设计出了一项奸诈的大阴谋。"怀疑"就是小我的最佳武器，它会让你陷在迷宫之中无法脱身，用大大小小的问题来消耗你的精力，并用许多令人分心的事物来扰乱你，最后还用对过去的不实记忆来迷惑你。小我的目的，就是要阻挠你，不让你了解自己是多有天赋的人。这个阴谋的核心，是要让你因恐惧而不敢接近自己的本质。

每当要做出一项重大决定时，你都会遭到怀疑声音的围攻。这些声音会用恐惧、紧张或恐慌等感觉来折磨你，试图让你相信你并没有足够的能力去做你想做的事。你还没迈出步伐，怀疑的声音已经先对你说你做不到了。你不是不够好，就是准备不够充分，或不够强壮，再不就是没有价值。身为研讨会的领导者及演讲者，在工作中，我慢慢了解到了怀疑的本质。我的工作能不能成功，要看我有没有意愿听从灵魂的引导，而我能不能做到这样，则是由我的直觉来决定的。我所谓的直觉并不是超能力或第六感之类的东西。听从直觉的意思是去注意我的灵魂的想法。为了做到这样，我在开研讨会之前，不会准备讲稿，也不预拟流程，而是听从心的方向，想到什么就说什么或做什么。这表示我必须有自发性，而且十分依赖心灵的启示和创造力。

然而，当我刚开始做这份工作的时候，我觉得自己没什么创造力，没有灵感，对自己的灵魂也没什么信心。于是我便仿效其他伟大的导师，采用他们的方法。在我开生平第一个研讨会之前，我准备了一份流程表，让自己知道什么时候该做什么事。我一想到站在一大群人前面手足无措的样子就觉得很可怕。当参与者发问的时候，我会回想其他导师响应类似的问题的样子，并抄袭他们的回答方式。所有的事都进行得很顺利，但是这种情形只维持了一天。从第二天开始，我就对这项工作感到厌烦，并且为抄袭别人的言语和想法而感到很不好意思。有人说我就连站立和走路的姿势都很像某位导师。我这些所作所为，都不是在表达我自己。当我发现在内心里我很想回去做我自己的时候，怀疑的声音又出现了，它企图说服我相信"我做不到"。

接下来的几天我都陷于天人交战的处境之中。我的灵魂温柔地鼓励我当我自己，鼓励我更有自发性、相信自己的创造力，并充分发挥自己的才干。但我心中的怀疑则告诉我这些事情我全都不会，我一定会失败，并在所有的人面前成为笑柄。我虽然想做自己，却更想要得到参与者的认同。做我自己有什么好处呢？我不能站在台上，什么都不做，光是"做我自己"啊。万一我想不出话来说该怎么办？听众会等得不耐烦，他们会走掉的！如果我的能力有限，我已经江郎才尽了怎么办？

我还记得有一次研讨会，从第一天直到最后一天我都被怀疑的声音严重地困扰着。从第一天开始，怀疑的声音就对我说我不可能成功。我已经没有题材可讲了，我的创造力已经到了尽头。我已经没有什么新的知识可以提供给听众了，他们到第三天八成就会走光了。接下来的几天，怀疑的声音不断对我说我所做的是错的，或做得不够，再不然就是很假。到了第五天，也就是研讨会结束的那天，怀疑的声音更是变本加厉地对我说我完全失败了，我还是快点开始翻报纸分类广告找新工作吧——我当研讨会领导者的生涯已经完蛋了。也许我应该回头做从前的工作，去管办公室，因为消息会传出去，很快大家都会知道我是个很失败的研讨会领导者。虽然事实上超过半数的参与者都很热情地向我靠过来，感谢我带给他们美好的五天，但这却对我一点也不起作用，因为我心里的怀疑告诉我这些人只是在说客套话而已，再不然，还有一个更糟的可能性，那就是他们都被我骗到了。

为了某些原因，我并没有放弃我的工作，而在一个月之内，我便到达了新的巅峰，在工作中享有创造力、灵感和乐趣。但我还是常常被怀疑的心所困扰，而必须一再经历同样的折磨。就是这些经历，让我了解到怀疑的本质。我发现的是：

1. 怀疑的心理一直存在你心中。

怀疑的心理等于是小我的所有想法的缩影。小我的想法都是以怀疑做出发点的，所以其目的就是要控制你所有的知觉，让灵魂无法影响你。在亲密关系中，这就意味着你会用怀疑的眼光去看待伴侣。如果你对一个人存有怀疑，又怎么能亲近对方呢？

2. 在你面临一个重大的转折点时，怀疑的声音会变得更强大。

举例来说，也许你想突破某些障碍，让你和伴侣可以有更亲密的性生活。这时怀疑的心理便会扯你的后腿，或让你的身体不能依灵魂的指示来做动作。

3. 怀疑的心理会把你过去的创伤投射至你的未来。

如果你去年从马背上摔下来过，那么怀疑的心理就会向你保证，从今以后你只要想骑马都一定会从马背上摔下来。如果你在之前的亲密关系中遭遇过失败，那么怀疑心理就会企图说服你这一次也一样会失败。

4. 怀疑的心理是小我用来维持你的自我局限观念的工具，它会让你无法了解真正的自己。

人们往往会把伴侣当作罪魁祸首，但其实怀疑心理才是让人无法发现自己本质的元凶。

5. 怀疑的声音会用实际的事物来造成你的恐惧心理。

如果你想辞掉工作去追寻自己的梦，那么怀疑的心理就会提醒你现在失业率很高，你可能会养不活自己，而且你想做的那一行是很难有所成就的。统计数字往往是小我最爱用的"实质证据"，小我会用这样的证据来劝你打消念头。在亲密关系中，怀疑的心理会让你把对方的行为、肢体语言或脸上的表情当作你无法亲近对方的证据。

6. 所有的怀疑都是对自己的怀疑。

换句话说，如果你这样说："我无法相信伴侣的爱，我想他／她早晚会伤害到我。"那么其实你真正表达的意思是你不能相信自己。你所谓对伴侣的"信任"，其实是一种期望——你希望对方的行为不会对你造成威胁，或使你的旧伤复发。事实上，你是不相信自己有能力去处理伤痛或爱你自己的。

7. 对自己的怀疑就像胶，让你和你对家庭死忠的观念粘得紧紧的。

如果怀疑自己，你就会没有安全感，也就会希望借由对家庭的归属感来为自己找回身份。当你想要成长并超脱这个身份的时候，怀疑的声音会尽全力阻挠你，让你只能继续维持这个你为自己塑造的身份。

8. 如果向怀疑的声音屈服，这就表示你不再相信生命。

如果你不再相信生命，就是相信死亡。这会让你放弃自己，也放弃生命（死亡的诱惑）。

9. 怀疑的心理会支持"不足"的想法，让你认为自己没有价值，所以不被爱，也不可能成功。

如果你抱持着"不足"的想法，就会有想竞争的冲动，使你处于两难的境地，害怕冒险，而且感到沮丧。这全是因为怀疑的声音在对你说，你没有足够的价值，所以无法去爱人，也无法被爱。

10. **如果怀疑的心理能与爱整合在一起，它就能转变为明辨的态度。**

也就是说，怀疑变成了单纯地问问题，让你能够明察事物的本质，并做出最好的选择。在怀疑的心理与你的灵魂之光整合之前，你可能常常会由于死忠的观念、自我欺骗、天真无知、恶习或恐惧而做出不适当的选择，因为这些事物都会让你受到怀疑心理的控制。相反，当怀疑的心理受到灵魂的影响而转变之后，你就能用纯真的心去仔细检查你所遇到的每个事件，不会再受欺骗或误导。这时，怀疑的心理已经变成明辨的态度，而对你有所帮助。

如果你能记得，怀疑的心理在你要做重大决定的时候会变得特别强烈，你就不会那么害怕它了。借由重申追求真理的决心，你会找到突破怀疑心理的方法，从而了解真正的自己。要记得，怀疑的心理会把你过去的创伤和错误（怀疑的心理会将之称为"失败"）投射到你的未来，让你变得畏畏缩缩，不敢勇往直前，却反过来寻求你过去所使用的方法，以得到暂时的安全感。

如果把对怀疑心理的了解应用在你的亲密关系上，你就会知道，当你遇到下列情形时，怀疑的心理会让你无法得到更深层的爱：

① 你想离开伴侣，去寻找新欢，或开始幻想拥有一个"更好"的伴侣。

② 你觉得自己无法在亲密关系中有所进展，因为你怀疑自己或怀疑伴侣不想改变。（所有的怀疑都是对自己的怀疑）

③ 你认为自己和伴侣之间的未来会有愈来愈多的阻碍，而你觉得

自己将无法承受更多的困难。（自我放逐）

　　④ 你发现自己在亲密关系中总是失败，并开始认为你的生活就只能这样了，所以何不干脆放弃？（死亡的诱惑）

　　你是否觉得，目前的这段亲密关系已经没有必要再继续下去了？你们根本不是真的爱对方，而且你们会在一起，都是由于一些错误的原因。所以你应该放弃，因为这段亲密关系已经没有任何希望了。现在最好的办法，就是离开并且另觅新欢，找个真正爱你的人。你会有以上的想法，都是因为怀疑心理这只幕后的黑手在鼓动你。怀疑的心理会让我们想起月晕现象的阶段是多么美好，因而重新在心里建立起理想情人的形象。这只黑手会让我们向外发展，去寻找我们的理想情人。

　　讨论到这里，你也许会问："有没有可能，最正确的选择就是离开呢？你要怎样才能知道你是在听从自己的心，还是在听从怀疑的声音呢？"我所能想到的最好的答案就是，听仔细一点。这个声音是以爱还是以恐惧为出发点？

　　你的心会明辨是非，并指引你去了解真正的自己。而怀疑的心理则根本不会在意你到底做出什么选择（因为不管你怎么选，它都会告诉你，你的选择是错的）。只要你的动机是恐惧就行了。只要你专注在真理上，那么不管你在亲密关系中遇到什么状况，你的心都会引导你去找出对每个人都好的解决方式。然后你就会明白，怀疑心理并不是你的敌人。它比较像是一个"把关者"，在你遇到一个得以成长并突破旧有限制的转折点时，它就会跳出来阻止你，要你回头，因为小我的本性就是制造分离，所以它会阻挠你，不让你体验到真正的爱和亲密。

不要和这个把关者战斗，因为这样只会让它变得更强大。你应该以静制动，听听把关者有什么说法，感受一下它所造成的恐惧和痛苦。然后接受这些痛苦，并呼唤真理。你是真理之子，所以你的心会顺从真理。不管你走到哪里，你的灵魂之光都会引导你。如果你能够相信生命，并听从自己的心，你就会发现，事实上，怀疑的心理也对你寻求真理有所帮助——它能让你更坚定地追寻自己的灵魂。就好像经过了炉火的试炼，工匠才能造出强度够高的壶一样；经过了怀疑心理的试炼，你的灵魂才能让你变成一个坚强的人。

或许，这些都只是我个人的错误思想，所以，我希望你能用自己的心来确认这些想法是否成立。我想说的是，我认为你的灵魂关心的，并不是你的亲密关系处于何种状态，或你是不是跟"真命天子"在一起，或你们相处得好不好，事实上它关心的根本就不是你是否能跟人建立亲密关系。所以，当你遇到瓶颈，无法亲近伴侣时，不要把亲密关系变得像宗教一样——好像如果你不能解决问题，就变成了大罪人似的。不要固执地认为，你应该跟目前的伴侣过一辈子。因为我相信，如果你不能自由地离开，那么即使留下来，可能也不是你自己的意愿——你留下来，只是因为你觉得这样是对的，如果是这样，你就很可能会变成牺牲者。

我相信你的灵魂真正关心的是你所做的选择，是不是有助于你达到自己真正的目标。如果维持目前的亲密关系对你有所帮助，那么你的灵魂就会支持你往这个方向走。如果离开才是比较好的选择，那么你的灵魂就会引导你往那个方向走。也就是说，我认为你的心和灵魂最关心的不是你在亲密关系中的去留，而是怎样做才能让你了解真正的自己。如果你愿意顺从自己的心，你自然就会领悟出处理亲密关系的方法。

亲密关系通关指南

1. 当从幻灭的阶段移至内省的阶段时，你就得到了一个机会去检视自己的内心并发觉所有亲密关系问题的源头。幻灭会让你发现是哪些错误的观念掌控了你大半辈子，并让你了解到，你可以为自己百分之百负责。内省则会让你有更深的洞察力，去揭开错觉的面纱，从而大大地改变你对自己的看法。

2. 内省常被看作亲密关系中最丑陋的阶段，因为你觉得伴侣不再像从前那么迷人了。你已经习惯了用一套固定的方法来对待彼此及处理不断浮现的老问题。在这个阶段，亲密关系中的所有事都不能让你满足，所以在你责怪伴侣或挑剔亲密关系之前，有必要先检查一下自己的内心。

3. 在这个阶段，有时候你会觉得和伴侣之间的爱和亲密感没办法成长。也许你已经试遍了所有方法，还是连一点小火花都擦不出来。或者你已经没有继续尝试的意愿了。也许你感到身心俱疲，而且觉得再怎么试也没有用，干脆放弃算了。这往往是由于小时候的沮丧感导致你自我放逐。如果你能改变这种经验，就能得到前所未有的信心和乐观态度，并了解到是这种自我放逐的倾向影响了你对亲密关系、对人生的看法。如果你能勇于面对沮丧的感觉并好好疗伤，假以时日，你一定能得到你想要的改变，而你的亲密关系，也会跟着改变。

4. 这个阶段另一个很普遍的现象是"碰到墙壁"。就像一个慢跑的人一样，你感到疲倦、没精力、缺乏灵感，觉得自己再也支持不下去了。这时候你能做出的选择是：放弃这段亲密关系，另找一段较轻松的感情；你也可以选择留下来，保有你习惯了的生活方式；或选择回到吵吵闹闹的幻灭阶段，因为就算吵闹也比死气沉沉来得强；你也可以找一个外遇的对象；还有一个选择，就是学习"穿墙术"。

5. 内省之后，你会发现这座关住你的三角形监牢的墙壁，其实是你自己创造的。"受害者监牢"描述了我们在面对问题时所扮演的角色：受害者、迫害者或拯救者。这三种观点，都只会让问题恶化，却不能提供解决之道。你必须成长并跳脱出问题的框架，才能找到解决之道。也就是说，你必须穿越监牢的墙壁，让自己自由。想要自由，你必须摆脱旧有的知识，以纯真的心来发问，才能获得灵魂的引导。

6. 问题能让你自由。亲密关系遇到问题时，不要尝试去解决它、逃避它或压抑它，而是应该问自己下列问题：

这个时候，爱会怎么做？

如果我能百分之百对自己负责，我会怎么选择？

我能采取什么有创意的步骤吗？

这个问题是不是唤醒了一些熟悉的感觉？我愿不愿意百分之百地接受这些感觉？

如果我爱自己的话，现在该做些什么？（说些什么或提供些什么。）

我是不是该放弃些什么？

我是不是该原谅某个人？

是不是有人比我更痛苦，我应该用爱来支持他／她？

我能说出哪些不争的事实？

你可以问的问题实在太多了。当你想摆脱旧有的知识时，灵魂会引导你想出该问的问题。

7. 内省能让你了解个人问题及亲密关系问题的本质。很显然：

① 要解决问题，必须先跳脱出问题的框架。

② 所有的问题，其实都是经过伪装的礼物和宝贵经验。

③ 你所看到的每件事，都是你内心世界的投射。

④ 每个人都有能力，为自己生活中遇到的事百分之百负责。

⑤ 自由并非来自答案，而是来自问题。

⑥ 没有什么问题是大到爱无法解决的。

8. 左右为难的处境，是在考验你追寻真理的决心。左右为难的处境，看起来似乎只有两个选择，而其中任何一个都只给你部分的满足，并且会让你失去一些你不愿放弃的东西。在面对这种处境的时候，最好的办法可能是：把两个选择结合起来，成为一个新的选择；或是在两个选择中选一个，但以尽量考虑每个人的利益为原则。无论如何，你必须放下自己的欲望，尽量为每个人想，才能找到最好的解决方案。

9. 对家庭的死忠会让亲密关系无法更上一层楼，因为这种观念会让你执着于固定的行为模式、信念及心态。这些行为模式、信念和心态都是你小时候为了得到归属感而发展出来的。死忠的观念会阻碍你的自发性、灵感、创造力，以及表达真正的自己的机会。然而要破除这种死忠的观念却是很让人害怕的一件事，因为你会觉得你背叛了家人对你的信任。但是如果不摆脱这种观念，你就不能做真正的自己，也使得你的伴侣不能做真正的自己。

10. 内省阶段的一大发现是，原来你所做出的许多行为都不是出于爱，而是出于罪恶感。这样的行为，会暴露出你的牺牲心态。在一段亲密关系中，如果你觉得你付出的多而接受的少，那么你就是在牺牲。如果你发现你做某件事只是因为不做的话会有罪恶感，那么你就可以选择，是要继续牺牲下去，并且因为伴侣付出的比你少而愤愤不平；或生气地决定不再继续牺牲，并且时时对伴侣存有戒心，生怕他们会让你再次落入牺牲的模式里；你也可以选择平静地放弃牺牲的模式，感受自己的罪恶感，并选择爱；或是借由选择去爱伴侣，而把牺牲的模式转化为正面的事物。

11. 要改变牺牲的模式，必须经过好几个阶段，这也就是再次让你去发掘真正的自己，毕竟，这就是内省阶段真正的目的。以下的模型指出了你必须经历的阶段：

牺牲者

折磨者

"坏人"

情绪

感觉（空虚）

本质（灵魂）

12. 牺牲会招致放纵，反之亦然。如果你觉得自己是在牺牲，就必然会觉得有人在占你便宜。这个人就是"放纵者"，他／她有可能成为你愤恨的目标。而在内省的阶段，愤恨甚至可能会转为仇恨。有时候，亲密关系的双方都会觉得自己是牺牲者，并把对方视为放纵者。而当一个人想跳脱牺牲的模式时，他／她往往会摆向另一个极端，而成为放纵者。另外，当一个人在做出牺牲的时候，他／她可能会为了补偿自己，而在某件事上（例如吃东西、抽烟、喝酒、看电视等）放纵自己，甚至成瘾。

13. 依附情结往往是人们自我牺牲的动机。为了不被某个重要的人离弃，你会把自己塑造成某种固定的形象。这种互动关系，一开始出现在你与父母的亲子关系之中，而后会移转到你生命中所有重要的人际关系之上。会有依附情结，是因为你觉得自己不可爱（这是一种罪恶的感觉），所以你必须改造自己，来赢得你所需要的爱和关怀。在内省的阶段，依附情结刚开始浮现时，你会有掉入陷阱、快要窒息或被囚禁等感觉。把伴侣推开能让你得到喘口气的机会，却不能解决依附情结的问题。只有下定决心要做自己，才能打破你为自己塑造的形象。

14. 在内省的时候，你会发觉，你所看到的所有外在事物，其实都是你内心世界的投射。当伴侣变成你的"阴影人物"——具备所有你所拒绝、厌恶以及压抑的特质的人时，他／她将带给你很大的挑战。当你批评伴侣时，你其实就是在批评自己——批评那些你不愿接受的特质。你必须接受自己的黑暗面，才能更爱你自己。只有这样，你才能不再攻击伴侣的缺点，而把伴侣看作你的镜像。

15. 对性的罪恶感，会阻碍你的性能量的流动，而导致性障碍、排斥伴侣、三角关系、房事中死气沉沉提不起劲等问题。如果小时候你所受到的创伤都和性有关（事情经常都是如此），那么你就会对自己的性欲有强烈的罪恶感和羞耻感。这个问题，在你与人建立亲密的关系时必然会浮现。而恐惧会让浮现出来的问题更加恶化。如果想要疗伤，你就应该跟伴侣开诚布公地讨论你的恐惧、感觉、幻想和秘密，并增进你们之间的友谊。有时候练瑜伽也会有帮助。

16. 处在内省阶段的亲密关系还有一项特征，就是伴侣之间会相互较劲，想要证明自己比对方特别。如果为了突显自己的特别，而把别人踩在脚下，将会造成人与人之间的裂痕。想要消除竞争的倾向，并让亲密感增长，你就必须支持伴侣发展自己的长处。

17. "死亡的诱惑"所代表的是你害怕面对更多痛苦的恐惧。你会情愿让亲密关系停滞不前甚至结束，也不愿面对自己或伴侣不可爱的那一面。这是一条死路，因为如果你选择这条路，就无法证明爱的伟大。否认爱，就是否认生命。如果你所面临的处境让你很想死，或很希望亲密关系结束的话，请正视你所承受的痛苦，并告诉自己："这不是真理。我现在最渴望得到的就是真理。"让自己充分地感受内心的感觉，并时时记住会伤人的感觉就不是充满爱的感觉，而我们该做的是选择爱、选择生命。

18. 在内省之后，你会发现有一种内在的影响，让你不能了解自己及伴侣的真正本质，这种影响就是怀疑的心理。发现了这个狡诈的陷阱之后，你还必须记得：

① 怀疑的心理一直存在你心中。

② 在你面临一个重大的转折点时，怀疑的声音会变得更大。

③ 怀疑的心理会把你过去的创伤投射至你的未来。

④ 怀疑的心理是小我用来维持你的自我局限观念的工具，它会让你无法了解真正的自己。

⑤ 怀疑的声音会用实际的事物来造成你的恐惧心理。

⑥ 所有的怀疑都是对自己的怀疑。

⑦ 对自己的怀疑就像胶，让你和你的对家庭死忠的观念粘得紧紧的。

⑧ 如果你向怀疑的声音屈服，就表示你不再相信生命。

⑨ 怀疑的心理会支持"不足"的想法，让你认为自己没有价值，所以不被爱，也不可能成功。

⑩ 如果怀疑的心理能与爱整合在一起，它就能转变为明辨的态度。

要记得，当你要向你的灵魂、你的目标以及更美好的亲密关系迈出一大步时，怀疑的声音会变得极其强大，要想不被阻碍或扰乱，只要把你的全部精神都贯注在寻求真理上就可以了。

Chapter 5

第 五 章

启示

"跟我来吧，把昨日忘掉。走出你的心，向外跨一大步。"

——哈特

我有幸偶尔一探灵魂关系的神圣殿堂，不过是最近这十年的事。我必须承认自己并不住在这个殿堂之中，我还是经常会回到内省、幻灭甚至月晕现象的阶段来学习更多的经验。由于我经常在各阶段间往返，所以我发现，虽然表面上看起来，你必须一步一个脚印地走过每一个阶段，最后才能体验到真正的亲密关系，但事实上，亲密关系之旅随时可能来个大转弯，跃入完全不同的知觉层次，而让我直达终点。这有点像是开着车依着路标往纽约市前进，突然，你的车变成了宇宙飞船飞向太空，穿越了黑洞，绕太阳一圈，飞过一百万光年的距离，然后降落在纽约市中心。这是我所能想到用来形容"启示"的经验最好的方法。从时间上来说，这个阶段是十分短暂的，但它对一个人的生命却会造成深远的影响。当你穿越了怀疑的迷雾，不再盲目而能看到自己的本质时，你就会得到"启示"。在你的生命中，随时都有可能得到启示，而你发现人生的目标已经达成了。

一个一文不名的人，有一天收到一封信，说他中了两千万的大奖。但是由于他一直把自己看作穷人，所以有点怀疑这封信的真实性。于是他把信拿给一个朋友看，朋友看完后，告诉他，他的确中了两千万。但是这位穷人还是半信半疑。一个星期之后，当他躺在床上，快要入睡的时候，突然睁大了眼睛，大脑开始急速运转，并从床上跳了起来——他发现自己现在是个大富翁了。就在这一刻，他的生活完全改变了。事实上，他早在一个星期前就已发财了，但他手上握着证据，心里却还认为自己只是个没钱的老人。他从一个穷光蛋，摇身一变成为有钱人的过程，只花了不到一秒钟。"启示"的力量，也是如此。

启示可以很戏剧化，也可以很微妙。有时你可以马上察觉到它的存在，但有时它却是以不易察觉的方式，一点一滴地渗入你脑中。启示的力量，能让人学习并成长。常有人认为启示是精神层面的东西，人无法主动地争取它，而它会发生在谁身上，也很难以预测。我无法解释为什么我是能得到这种"神迹"的幸运儿，相信我，这绝不是因为我是个具有美德的人，所以得到神的眷顾。然而，我并不认为启示是无法用人为的方法得到的。对我而言，启示就是我的灵魂让我感受到它的存在。得到启示时，我可以把自己相信是真实的事物看得更清楚，而察觉到自己错误的思想，或把我心中相信的真理加以修饰。

我发现，在亲密关系中，启示有三种呈现的方式。在第一种方式中，启示推动着你的力量，让你从一个阶段迈向下一个阶段，并在痛苦和问题之中成长。幻灭的痛苦，会让你了解到月晕的光彩是不实的。内省则会让你从自己的内心找出所有错觉和错误观念的根源。超脱了空虚、怀疑等感觉，到了启示的阶段时，你就会发现真正的自己。灵魂关系让你的伴侣可以看到真正的你。所以，每当我们学习到真正重要的事物时，我们就是得到了启示。

第二种方式，就是刚才所形容的"神迹显现"。这种方式也许是你无法掌握的，会不会发生在你身上也很难说。如果你不知道启示以何种形态呈现的话，光是傻等是没有用的，但是排除任何一种可能性，也不是很好的做法。就像恰克·史匹桑诺所说的："你不必整天站在码头上等你的船进港，但是当它进港的时候，你要准备好迎接它。"

第三种方式，则让你有自己选择的力量，而不必听天由命，或辛苦地走完亲密关系的前三个阶段。想要接触到自己的灵魂，不一定非要按部就班，你可以走快捷方式，穿越"量子隧道"。

量子隧道

"桃乐丝……其实你从一开始就拥有回家的力量……你只要立正三次，然后对自己说：'没有地方像家一样……没有地方像家一样……没有地方像家一样。'"

——电影《绿野仙踪》

在我上中学的时候，我们的化学课本里有一个很有趣的介绍氨气分子（NH_3）的理论，它是这么说的：氮原子处在由三个氢原子所形成的三角形的中心，氢原子的链接很强，所以氮原子应该是无法移动的，但科学家发现氮原子能够瞬间消失并出现在三角形的外面，然后很快地又回到三角形的中心。于是这些科学家就做了一个假设，那就是氮原子穿越了一个"量子隧道"，所以能够自由移动。我不知道他们后来有没有继续发展这个理论，不过用它来说明"启示"呈现的方式，却是一个很好的比喻。

在日常生活中，不管陷于怎样的困境，只要我们的意愿是想了解无条件的爱，就有机会穿越"量子隧道"，从而立刻体验到灵魂关系。重点全在于我们愿不愿意臣服。如果我们选择臣服，就会从"做事"的模式转换成"接受"，而"接受"正是一切有意识的人际关系的关键。我们可以接受引导、接受启发，获得知识增长见识，这其中任何一项都能让我们立刻脱离困境。

我曾经亲身体验过"量子隧道"，知道这是怎么一回事。那时我和妻子又一次陷于权力斗争中，并开始怀疑这样的竞争到底有没有停止的一天，还是我们应该在完全撕破脸之前离婚。突然间，我想起朋友有一次问我想不想知道让生命变得丰富的秘密。我告诉他我很想，于是他对我说："秘密就是，你的生命已经很丰富了。"这让我想起电影《天地一沙鸥》里的一句话："如果你想尽快到达一个地方，最快速的方式就是，你已经在那里了。"

当时正深陷于权力斗争中的我，仔细思考了这些话中的智慧，然后决定亲自试验一下。我想要的是和妻子相爱，但我当下的处境却是正在和她争吵。想象一下，我只要深吸一口气，就能马上从争执中跳脱出来，而和妻子相爱。我扪心自问，假设我和妻子现在不是在争吵，而是感情很融洽的话，情形会是什么样的？然后我脑中灵光一闪，想到我可以为妻子做些事。我还来不及思考自己想不想这样做，就已经开始着手进行了。她曾经告诉我说，她很爱吃我做的某一道菜，所以我就马上进厨房去准备。当我在做菜，并专注地"付出"的时候，我有了不一样的感觉。然后我想，如果现在我与妻子是深深爱着对方的话，我会有怎样的感觉？我感到心中一阵温暖，头脑也变得清楚多了。接着我又问自己，如果我把妻子当作心爱的人,我会怎么看她?在我心里,我看到一位既美丽又有智慧的妻子与朋友。于是我在心里空出一些空间,让这些充满爱的感觉得以成长。很快,我与妻子间的紧张情势便冰消瓦解,我们变得更加亲近,共进了一顿很棒的晚餐。在一小时前,这看起来简直是不可能的事。因为我愿意想象自己"已经置身于爱之中",所以我得到了灵魂的帮助,解决了这次争执。

这些小小的启示,看起来似乎是我自己凭空想象出来的,但是我的想象力是从哪里来的呢?我又怎么会想到问自己这些问题呢?我想这是因为我选择了真理,而且我的灵魂也有所演进的缘故,但我想应该还有别种更详尽的解释。首先,想象力不等于幻想。(但你内在的"小我"确实会利用想象力来创造幻想。)想象力其实是灵魂在提醒我们,在一件事中存在哪些可能性。其次,我会想到问自己那些问题,是因为我选择不去计较造成争执的原因,而把爱置于首要的地位。灵魂支持我的选择,所以让我运用想象力去了解爱是存在于所有情形之中的——因为爱永远不会离开。然后,我就可以选择依据自己的想象力来行事,让原本只是可能的事成真。有一段时间,我简直就是爱的化身。

生命的天性,就是要让你不断地去发现真正的自己,以及你心中存在着的感觉。所以,启示是随时都可能发生的。而所谓的学习,只不过是发现早已存在的事物罢了。启示是灵魂与人格之间的桥梁。如果你愿意接受自己看见的事物的话,灵魂就会一点一滴地让你发现它的存在。"启示"就是让灵魂注入你意识的导管。在这一刻,你的灵魂让你看到的是怎样的伴侣呢?

"量子隧道"在亲密关系的每个阶段都是存在的，所以如果你愿意和伴侣一同体验伟大的事物，从月晕现象的阶段直接跃入灵魂关系也不是不可能。用灵魂看待你们的方式来看待彼此吧！

那么，你要怎样才能体验到灵魂关系呢？事实上，你已经在体验了。

拥抱我所爱

我必须诚实地说，我第一次真正"看见"我妻子是在我们认识三年之后。在那之前，我一直很欣赏并尊重她。她天生的智慧、有深度的美、仁慈、慷慨、敏锐的心，以及热情，都是我灵感的源泉，常常让我赞赏不已。我简直不敢相信自己竟幸运地得到了这么美好的一份礼物。但这些感激与欣赏，都比不上我发现她的本质时的感觉。大体来说，那是一个我们共度的很普通的夜晚。前一分钟我还只是坐在她身边和她轻声交谈着，下一分钟我却能看到并触碰到她的灵魂。我感到极大的幸福，这种幸福我以前一直认为是属于神秘主义或神启一类的事物。就在这时，我心中产生了一个念头，那就是，在过去的三年中，我一直跟一个天使生活在一起。再多的形容词都不足以描述我此时的感觉。在这之后，有好几天我都像置身天堂一般，以敬畏的心注视着这世上真正的美丽。

但是，可想而知的，我并没有一直留在"天堂"之中。几星期之后，我和妻子又开始争吵，而之前那奇迹般的经验又远离了我们。但当时那撼动人心的爱却一直存留在我的记忆里，常常使我感到平静。有一段短暂的时间，我在"受害者监牢"的墙壁之外过着快乐的日子，墙外的世界是无限宽广的。在那次之后，我又有过好几次类似的经验，而每一次我看见爱人的本质，就觉得与她更亲近。当我拥抱爱人的时候，我就感到好像自己也得到了拥抱。

然后你就会看见阳光

在第一章中，我曾提过亲密关系一开始的"恋爱"阶段，能让我们略微窥见亲密关系的真正潜力。在本书中我也不断地指出安全避过小我所制造的陷阱的方法。这些方法，有些是别人教给我的，有些则是我自己发现的。每次成功地避过陷阱，我们就能浅尝一下我所说的"灵魂关系"的甜美滋味。有了这样的体验之后，我们就会得到启示，了解到在每件事的背后都有爱的存在，没有例外。就这样，我们在承受蜕变的痛苦时，能够更相信生命。

在亲密关系中，启示对你的影响愈深，你就愈能察觉到每个问题背后的礼物与经验。你的本质会慢慢渗入你的行为模式，影响你去从事适合自己天分的工作与活动。你要做的不是让一方胜而让另一方败的决定，而是要以明辨的态度来决定采取何种行动——或不采取何种行动——才会对每个人都好。

这些都是我从启示中得到的知识。启示能让你对自己的旅程有全然不同的看法，也让你了解每次苦痛与喜悦背后的真正目的。当然你还是有可能离开启示的阶段，而重新体验权力斗争、失望或停滞的状态，但启示会在你心中留下深刻的印痕，让你在面对困境时仍能心存希望，并相信只要你决心选择爱，就能渡过所有困境。

不管是一步一脚印地走过亲密关系的所有阶段，还是走快捷方式穿越"量子隧道"，到最后灵魂都一定会让我们了解到爱的真正目的，从而踏进灵魂关系的大门。

灵魂关系

"一旦脱去了外壳，毛毛虫就会蜕变成美丽的蝴蝶。"

——唐纳文·李区

我写灵魂关系，并不是要描述它可能的形貌。许多人会认为这样的关系必然是婚姻关系。有些人甚至会从宗教的角度来想，把它当作神圣的关系，而拥有此种关系的伴侣，头上都有神圣的光环围绕。还有些人会依据他们自己的信念和价值观来创造出不同的形貌。

以我个人来说，我并不认为婚姻关系是灵魂关系的必要条件，也不认为灵魂伴侣们的外表和行为会和人们想象的一样。在灵魂之路上走得愈久的人，就愈不会被绚丽的外表或教条所影响。

我也不是要描述人类在体验到灵魂关系时所共有的经历，因为事实上，每个人的体验都不会相同。在本章中我想要指出的是，人际关系是一条心灵之路，它所反映出的，是"爱"为全人类所做的计划。你的伴侣就是你的良师，而那呼唤你的声音，就是在要求你去学习无条件的爱。别人到修道院或深山野岭中去寻求的东西，你在自己家的沙发上、会议室或海滩俱乐部就可以得到。不论你身在何处，在学习去爱伴侣的过程中，你将学会如何去爱全人类。然后，你与任何人的交流都会变成一种神圣的体验，让你愈来愈了解"爱"的计划。

允许

"轻诉智慧的话语:'让它去吧。'"

——保罗·麦卡特尼

甲壳虫乐队名曲《随它去》

多年前,有一次我曾思考将来要如何设计自己的墓碑。我想的并不是自己死后要埋在哪里,而是我的墓碑上要写些什么。我没来由地想到这样一句话:"埋在这里的人,一生都在为做事而做事。"会有这样的想法,也许是因为我当时是个很忙碌的年轻人,总是在做些什么事,一刻也不得闲。做事,做事,做事!忙碌,忙碌,忙碌!我总是在追逐着某个重要的目标。但一旦达成之后,这个目标便显得一点也不重要了,于是我又转而追逐下一个遥远的目标。不管我达成了——或没有达成——多少的目标,我从来没有停下来问问自己,这些目标到底值不值得我花时间去追逐。"做事"就是我全部的生活,因为这样我才觉得自己有用、有重要性,人生也才有目的，但我还是常常感到空虚。

在这件事上，我的妻子再一次成为我的良师。她让我了解到，自古以来所有的圣贤之人一直在尝试告诉我们这个道理："重要的不是你做了些什么，而是你是什么样的人。"在我的亲密关系中，我总是为了维持婚姻幸福而尽心尽力。我的想法是，如果我"有用"，就不会被取代。不断地忙碌能够确保我们的物质生活不至于匮乏。我生存的理由就是要充当家人的供给及保护者，因为这样我才能向妻子证明留下我这个人还是有点用处的。婚姻是我必须"做"的事，所以我的婚姻也像我的生活一样，都是"为做事而做事"。问题是，亲密关系、沟通、放下或奉献都是不能靠"做"的。在你摆脱了小我所造成的错觉，并开始为亲密关系的真正目的而付出时，事情就有了很大的改变，你的责任不再是"做事"。

在精神导师马哈拉吉年轻时，有人问他英文中最重要的字是什么，他的回答是："允许"（LET）。在说这话的时候，他一定早已突破亲密关系的墙壁，体验过"墙外的生活"，因为灵魂关系的关键，正是"允许"。当然这不是要你整天呆坐着无所事事，而是要让你明白，你所做的事，应该是听从你的心的引导而做的事。如果你能明白"允许"的道理，那么你所做的事就是出自灵感、创造性的想法，以及启示。看看图八这张表，你就会明白，在"为做而做"与"允许"之间，生活的质量有很大的差异。看看我所列出的表格。

为做事而做事	允许
担心	耐心
必须做某事	选择做某事
压力	自然而然
挣扎	自在
工作	艺术
一板一眼	有创意
十万火急	曙光浮现
负担	喜悦
具体思考	直觉
努力弄清楚事情	等待"船到桥头自然直"
依赖己知的技巧	依赖天分
让事情成真	自我实现
强迫性	充满灵感
以目标为重	以方法为重
独立	与人合作
努力划船	当船上的乘客

图八

　　我不需要一一解释以上这些词，我想你只要浏览一遍整个表格，就可以明白哪一边所列的词较能让你有平静祥和的感觉。然后让我问你一个问题：在你的生活中，花在哪一边的时间较多呢？是为做事而做事，还是允许？

　　也许你还记得，在第三章中，我们讨论过沟通的原则以及练习这些原则的必要性。在幻灭的阶段，我们总是想"做点什么"，而且希望有一套公式可以让我们来遵守。我也确实提出了一套很像是公式的理论，但我在那一章的结尾所讨论的却是"臣服"。因为练习这些纲要固然十分重要，但其真正目的只是要你能像身处灵魂关系中的人一样，自然而然地采取这些步骤。在灵魂关系中，我们所要练习的不是做事，而是允许。沟通不再依循公式来进行，而是让我们心中的直觉、灵感以及揭露真正感觉的明灯来做我们的引导。

　　一般来说，强迫性的、为满足"小我"需求而做出的行为往往是不恰当的。在灵魂关系中，我们会把小我摆在次要的地位，而以所有人的利益为优先考虑。依这样的想法而做出的行为是自然而然的，犹如曙光乍现一样。相反，被小我驱使而做出的行为则充满了压力和十万火急的感觉。想要以"允许"的态度来过日子，你必须先有能力辨别是什么力量在影响你的决定。个人的感觉、欲望与冲动往往会干扰你，让你无法接触到自己的灵魂，所以，培养自由选择的能力是很重要的，我把这种能力叫作"无私的明辨"。

无私的明辨

"不管大事小事，知道得最清楚的永远是你的心。"

——克里斯多福·孟

在亲密关系的前三阶段，大部分的人所关心的，都是和自己切身有关的个人事物。偏差行为、吸引磁场、争吵，以及"受害者——迫害者——拯救者"的角色扮演等，都是"追求个人需求"所导致的结果。在这几个阶段，我们认为个人的事就是重要的事。既然我们所有的决定都受到个人偏见所影响，我们就很难用清明的心来分辨事情。当你突破了难关，进入灵魂关系之后，你就会开始了解到，灵魂的本质是无私的。它所关心的是更伟大的事——也就是爱为全人类所做的计划。有时候我们会心甘情愿地放下一己之私，而追寻真正重要的东西——也就是爱。因为唯有这样，我们的灵魂才能让世人了解到爱的计划。在我们把爱当作首要目标的同时，个人的需求也自然而然地得到了最极致的满足。想要在所有的私心、偏见及自我怀疑中做出最充满爱的选择，你就必须充分培养自己的明辨态度。

在了解了这一点之后，我才明白，唯有做出充满爱的选择，才能在亲密关系中，真正地向前迈进一步。你只要回顾一下过去的权力斗争，就能明白这个道理。每次你愿意承认自己的错误，而不是顽固地坚持自己的立场时，你就是在为了爱做出牺牲，舍弃对你很重要的个人事物。选择爱对你自然是有益的，但在你做这个决定的时候，你内在的小我并不能了解这种无私的选择有什么益处。所以，小我会指使你死守立场不放弃，除非你的心和灵魂的力量能够盖过小我的影响力。每次你放下期望，选择原谅而不责怪他人，或是表达真心的感激而不批判人时，你就选择了重要的事物，而把个人的事物摆到一边。爱总是静静地待在幕后，等着你选择它，把它放在首要的地位。爱不会强迫你、操纵你或夺去你的自由意志。它只会静静地等着你主动邀请它。我列了一张表（图九）来比较个人事物和重要事物之间的区别，希望能帮助你做出清明的分辨。

这一次我还是只要求你从这两栏文字中得到一个大略的概念。值得注意的是，在"重要的"那一栏中所列的特质，全都是灵魂的本质，也是灵魂所支持的事物。我并不是在暗示你：个人的目标、观点、感觉或欲望都是不重要的。我只是想让你明白，如果个人的事物能和重要的事物一致的话，我们将会有更多快乐。

个人的	重要的
相当特别的人的需求	爱
不真实的死忠观众	追求真理
自我观念	本质
排除他人	兼容并蓄
对归属感的需求	觉得自己是独立个体
想证明自己重要性的需求	发掘天赋
为获得而付出	心甘情愿地服务
造成分离	具整合性
选择立场	同心协力
一赢一输 妥协	双赢 意见一致
怀疑	信任
谨慎地交友	真正的情谊
自我防卫	心胸开阔
独立的人格	整合灵魂的人格

图九

你永远不需要去寻找、追逐或赢得爱，因为爱不会躲藏，不会跑走，也不会向你要求任何代价。你只要在心里为它留一块空间，爱就会自然地注入你心中。这就突显了明辨的重要性，因为只有明辨才能让你超脱情绪、倦怠感、迷思及冲动，并察觉到你必须做什么样的选择，才能邀请爱来进驻你的心。这个选择也绝对是对你及伴侣都好的最佳选择。我记得有一次，这样的"最佳选择"意味着我必须和女友分手。虽然她是一个很好的人，我们相处也很融洽，但我的心对我说，是该离开的时候了。我的女友不同意我的看法，而我看她那样不快乐，心中升起了很强烈的罪恶感，使我几乎打算放弃分手的念头。然而，我内心里却清楚地知道，结束这段亲密关系对我们两个都好。而我也知道，其实在我女友内心深处，她也想结束这段关系，只不过她自己并没有意识到罢了。我相信自己的心，于是我和她沟通，把我心里的想法说给她听，我没有刻意找借口，而只是说出真诚的话。最后我们流着泪，平静地分了手。虽然我们分开了，但我觉得我们仍处在一种充满爱的关系之中。分手第二天，她就遇到了她未来的丈夫。

結　语 *Epilogue*

新的起点

"我们会在深渊的边缘野餐，毫不理会情势的危险。"
——电影《鲁本，鲁本》

灵魂关系

　　虽然本书已近尾声，却不代表灵魂关系就是情感之旅的最后阶段。它其实应该是一个起点，因为从这里开始，你将获得的体验是难以数计的。人类灵性的奥秘，还在等待着旅人去探索，而旅人即将面对的考验、经验及礼物将变得神秘且愈来愈接近纯粹的能量。

　　在亲密关系中，一旦你下定决心要遵从灵魂的引导，你的人格就会开始与灵魂的能量相整合。想要达成这个目标，你就必须学会充分地主宰自己的身体、感觉及心智。在过去，人们相信，要学会主宰自己，必须远离社会的诱惑才行。这种自我封闭的生活方式，往往意味着人必须居住在修道院或庙宇之类的地方，保持绝对的贞洁，安贫乐道，而且完全服从庙宇中的权威人物。在现在这个时代，人际关系就是我们的修道院，而贞洁、安贫、服从等誓言也已被取代，现代人只需让自己成为成熟、能明辨是非的个体就足够了。

　　有很多伟大的著作都在描述人类能得到的那些荣耀，却很少有书会讨论人类如何能在日常的人际关系中体验并分享这些荣耀。在细读伟大的心灵著作、哲学及秘教教义时，我发现有关人际关系重要性的讨论寥寥无几，而讨论人与神及天堂之间的关系的著作却比比皆是。在我的生活中，我也曾从精神导师的身上学到不少，也曾经历过人称"宇宙体验"的极乐感觉。然而，我所学到的有关无条件的爱的宝贵经验，却大多是从朋友、情人、子女、家人和熟人的身上得到的，也就是说，我在与其他人的相处中获益最多。

在灵魂关系的层次，你将会遇到第一位真正的导师——那就是你的灵魂。除非你让灵魂来做你的导师，否则你将很难找到其他的导师。你会轻易地受名气的误导，去相信那些所谓的大师、偶像、神父、心理治疗师、心理学家或脱口秀主持人等等，却忽略了一个重要的事实——你的伴侣也许正在对你表达灵魂的话语，而你却浑然不觉。你必须先认识自己内在的这位导师，才能从别人——从伴侣开始，扩散至其他人——身上感受到灵魂所要传达的信息。到最后，你与每一个人的相遇都会成为神圣的邂逅，因为你可以从别人身上发现真正的自己。我相信，我们必须先有这样的体验，才能分辨出哪些人才是真正有智慧的大师。

我花了超过两年的时间才写成这本书。我相信花费这么长时间才完成的原因，是希望尽可能地写出一部丰富的作品，一本能完全反映我亲身经验的书。身为创意顾问，安德利亚给了我很大的帮助。欧馨则将我的文字予以简化，让文意更简单明了。不过对我有最大影响力的，该算是我的妻子，因为她既是我的伴侣又是我的良师。身为一个坚定的独身主义者，我必须依赖她来教导我亲密关系的基本原则。我是个很差劲的学生，不但骄傲、顽固、迟钝，又不肯改变。而在认识她之前，我从来没想过要结婚。所以在展开这段亲密关系时，我等于是个不折不扣的新手，不知道奉献、沟通与亲密为何物。在我描述亲密关系的各个层面之前，都必须先充分地亲自体验，然后才敢下笔。

当我在婚姻中遇到不如意时，我常常想要把这本书丢到一边，不再继续写下去。因为我觉得，既然连自己都做不到书中的理念，又怎么有资格教导别人呢？我一直相信，能以亲密关系为题来写作的人，本身必然是这方面的翘楚。如果事实真是如此，那我该算是个例外。我经常在深渊的边缘游走，而且这绝不是像野餐一般的愉快经验。但我发现，经常摔倒的人会比较了解大地；同样，我也常在审视自己的错误时，学到许多有关亲密关系的事，而我也一直相信，人必须不断地从错误中学习，才能进入天堂。

我与妻子都不知道我们的亲密关系到了明天、下个月，或者明年会有怎样的发展。但我知道的是，不管表面上事情看起来如何，我和妻子在走每一步的时候，都会尽我们的所能去感受及表达爱。每个人都是如此。我谨以一首短诗作为本书的结尾，并再一次点明本书的主题：亲密关系是通往灵魂的桥梁。

两个相爱的人
在地球上创造了一座伊甸园，
并开启了天堂之门。
经验说："这是不可能的。"
爱说："事无好坏，诠释在人。"
骄傲说："这太可笑了。"

爱说："事无好坏，诠释在人。"

谨慎说："这太冒失了。"

爱说："事无好坏，诠释在人。"

理性说："这不合理。"

爱说："事无好坏，诠释在人。"

迷信说："这会带来霉运。"

爱说："事无好坏，诠释在人。"

远见说："这没有希望。"

爱说："事无好坏，诠释在人。"

当你说话时，要让你的话语发自于爱。

当你沉默时，要让你的沉默发自于爱。

当你骂人时，要让你的责骂发自于爱。

当你与伴侣相互保护时，你们彼此的保护也应该发自于爱。

让爱在你的生命里生根，

美好的事就会发生。

感谢

首先我想要表达对我的妻子素梅深深的感激。在我们二十五年的婚姻中,她不仅是我最大的精神支柱,她的智慧、诚实和耐心也是不断启发我的元素。

其次我要表达对张德芬女士的衷心谢意和欣赏。她是一位诚恳而且热爱真理的人。她的友谊丰富了我的生命。若不是她的热心和仁慈,这本书可能没有与中国的读者结缘的机会。

在此我也要献上对心灵海国际机构的两位创办人,王婷莹女士和游明裕先生——个人成长领域里卓越的领袖与先驱——最深的敬意与感激。出于美好的愿景与慷慨的心,他们将我介绍给美妙的中国人民。他们的友谊让我看到了无限创造的可能性。

另外,我也深深地感激英慧和金池,始终如一的用爱来支持我和素梅,使我们的工作能在中国奠定基础。他们以单纯和率真的本质来代表我们,帮助我们与参加课程的同学轻易地产生深刻、坦诚的联结。

在这里,我没有足够的空间来一一详列所有对我的工作和这本书贡献了不可思议的时间及精力的人的名字。这包括我分散在各国的翻译、代理人、推广顾问及出版社,以及多年来,因为参加我的课程而成为支持我并守护着我的众多最忠诚的朋友。我知道您是谁,并且也永远不会忘记,您在我作为一个老师、作家和凡人的旅程上,曾给予我最无私的协助与祝福。

持续关注作者的线上线下成长社群

Ayoka 阿尤卡：

克里斯多福·孟率领资深教练与科技领域精英倾力打造的线上线下情绪成长社群

现在加入阿尤卡，
跟随克里斯多福·孟
开启情绪成长之旅

- ● 数百余节克里斯多福·孟在线亲授成长课
- ● 专业教练在线陪伴式指导
- ● 资深教练全方位线下社群支持
- ● 系统化定制情绪测量与减压工具辅助
- ● 配套作业与冥想强力辅助吸收掌握
- ● VR虚拟实境辅助身心觉察与认知

国际幸福汇：

由克里斯多福·孟亲自授课，并与生命教练国际联盟授权认证教练共同组建的官方平台。

其下辖有：

- ● 生命教练联盟分会——线下学习成长活动与心理咨询服务
- ● 生命教练导师培训
- ● 老克读书会——亲密关系系列书籍在线学习与咨询服务

寻找离您最近的分会，共同学习成长

Relationship: Bridge to the Soul by Christopher Moon
Copyright © Vision Mountain Training Inc. Canada
Chinese edition copyright arranged by Christopher Moon and Vision Mountain Training Inc.
© 2015 China South Booky Culture Media Co., Ltd
All rights reserved.

著作权合同登记号：图字18-2015-041

图书在版编目（CIP）数据

亲密关系 /（加）孟（Moon,C.）著；张德芬，余蕙玲译. —长沙：湖南文艺出版社，2015.4（2023.3重印）
书名原文：Relationship bridge to the soul
ISBN 978-7-5404-7119-4

Ⅰ.①亲… Ⅱ.①孟… ②张… ③余… Ⅲ.①婚姻 – 家庭关系 – 通俗读物 Ⅳ.①C913.13 49

中国版本图书馆CIP数据核字（2015）第055244号

上架建议：心灵成长·两性情感

QINMI GUANXI
亲密关系

作　　者：[加]克里斯多福·孟
译　　者：张德芬　余蕙玲
出 版 人：陈新文
责任编辑：薛　健　刘诗哲
监　　制：蔡明菲　邢越超
策划编辑：李彩萍
特别支持：林素梅
营销编辑：文刀刀
封面摄影：[加] Jennifer Squires
装帧设计：利　锐
出　　版：湖南文艺出版社
　　　　　（长沙市雨花区东二环一段508号　邮编：410014）
网　　址：www.hnwy.net
印　　刷：长沙鸿发印务实业有限公司
经　　销：新华书店
开　　本：875mm × 1270mm　1/32
字　　数：181 千字
印　　张：8.5
版　　次：2015年4月第1版
印　　次：2023年3月第20次印刷
书　　号：ISBN 978-7-5404-7119-4
定　　价：45.00 元

若有质量问题，请致电质量监督电话：010-59096394
团购电话：010-59320018